DO CONTRATO SOCIAL

COLEÇÃO A OBRA-PRIMA DE CADA AUTOR

DO CONTRATO SOCIAL

Jean-Jacques Rousseau

TEXTO INTEGRAL

Tradução:
ANA RESENDE

A ortografia deste livro foi atualizada segundo o Acordo Ortográfico da Língua Portuguesa (1990), que passou a vigorar em 2009.

MARTIN CLARET

Direção Martin Claret
Produção editorial Carolina Marani Lima
Flávia P. Silva
Marcelo Maia Torres
Projeto gráfico e diagramação Gabriele Caldas Fernandes
Giovana Gatti Leonardo
Direção de arte José Duarte T. Castro
Capa MSDE / Manu Santos Design
Imagem "The arrival of a stagecoach at the terminus" — © *Copyright* Photos.com
Tradução Ana Resende
Revisão Gabriel F. Rodrigues
Waldir Moraes
Impressão e acabamento Metasolutions

Dados Internacionais de Catalogação na Publicação (CIP)
(Câmara Brasileira do Livro, SP, Brasil)

Rousseau, Jean-Jacques, 1712 -1778.
Do contrato social / Jean-Jacques Rousseau; [tradução Ana Resende]. — São Paulo: Martin Claret, 2013. — (Coleção a obra-prima de cada autor; 46)

Título original: Du contrat social
"Texto integral"
ISBN 978-85-7232-937-8

1. Contrato social 2. Filosofia 3. Política I. Título. II. Série.

13-01961 CDD-320.11

Índices para catálogo sistemático:

1. Contrato social: Ciência política 320.11

EDITORA MARTIN CLARET LTDA.
Rua Alegrete, 62 – Bairro Sumaré
01254-010 – São Paulo, SP
Tel.: (11) 3672-8144 – Fax: (11) 3673-7146
www.martinclaret.com.br / editorial@martinclaret.com.br
3ª reimpressão - 2014

Sumário

Livro terceiro

Livro quarto

Apresentação

Figura polêmica, Jean-Jacques Rousseau é um desses nomes incontornáveis ao discutirmos a questão da legitimidade do Estado.[1]

Muitos veem no pensador suíço um defensor da autodeterminação humana e de uma política da autonomia e da liberdade, que influenciou todo o pensamento romântico europeu. Em *Do contrato social*, a liberdade rousseauniana caracteriza-se pela capacidade de viver sob a autoridade das leis, garantindo, ao mesmo tempo, que ela possa ser reconhecida pelos súditos. Para ele, "obedecer à lei imposta é uma questão de liberdade",[2] e essa prerrogativa dos Estados nacionais é antecipada ou retomada em vários momentos de sua obra como, por exemplo, no famoso *Tratado do cidadão* e em seus diversos escritos.

Do contrato social conheceu várias edições, e aqui apresentamos a segunda edição da obra ímpar do pensador suíço, a considerada canônica.

O pensamento de Rousseau sobre a necessidade de se encontrar um modo de organização política que reconheça o homem individualizado, no qual "o imperativo social e a vontade individual se reconciliam no próprio homem",[3] é a única forma, para ele, de reconstituir sua unidade moral, que sempre corre o risco de se perder.

Não é difícil imaginar por que pensadores posteriores, como Schiller, Hölderlin e Nietzsche, entre outros, se dispuseram a refletir sobre o texto de Rousseau, tomando posição contra ou a favor da "inocência" proposta pelo autor. Não foram poucos os que detectaram contradições na obra e na vida desse

---

[1] Cf. *Images de Jean-Jacques: duplicité et liberté*, de Philip Knee. (N. T.)

[2] Cf. *Do contrato social*. (N. T.)

[3] Cf. *Explications de Rousseau*, de J.J. Chevallier. (N. T.)

pensador do século XVIII, considerado um dos inspiradores da Revolução Francesa e do ideal de "liberdade, igualdade, fraternidade".

Para além de todas as polêmicas, é inegável a importância de Jean-Jacques Rousseau para o pensamento político e para a constituição dos Estados nacionais modernos, ao tratar de assuntos diversos como a liberdade, a guerra, a religião, o comportamento dos súditos perante o rei.

Ana Resende

Do contrato social
ou princípios do Direito Político

De Jean-Jacques Rousseau cidadão de Genebra

... foederis aequas
Dicamus leges.

Eneida, XI

Advertência

Este pequeno tratado foi extraído de uma obra mais extensa, que empreendi anteriormente, sem tomar em consideração minhas forças, e que há muito foi abandonada. Dos diversos trechos que pude extrair do que fora feito, este é o mais considerável, e pareceu-me o menos indigno de ser oferecido ao público. O restante da obra não mais existe.

Livro primeiro

Desejo investigar se, tomando os homens como são, e as leis tal como poderiam ser, pode haver alguma regra de administração legítima e segura na ordem civil. Proponho-me reconciliar sempre, nesta pesquisa, o que o direito permite com o que o interesse prescreve, para que a justiça e a utilidade não se encontrem divididas.

Passo a tratar da questão sem demonstrar a importância do tema. E se me perguntarem se sou príncipe ou legislador para escrever sobre a política? Respondo que não sou nenhuma das duas coisas e que, justamente por essa razão, escrevo acerca da política. Se fosse príncipe ou legislador, não perderia meu tempo dizendo o que se deve fazer; simplesmente o faria, ou silenciaria.

Nasci cidadão de um Estado livre e membro do corpo soberano; por mais frágil que possa ser a influência de minha voz nos negócios públicos, o direito de votar neles é suficiente para impor o dever de me instruir; sinto-me feliz todas as vezes que medito sobre os governos, ao descobrir sempre em minhas pesquisas novas razões para amar o governo de meu país!

Capítulo I
Assunto deste primeiro livro

O homem nasceu livre, porém, por toda parte, encontra-se sob os grilhões. Quem acredita ser senhor de outros não deixa de ser mais escravo que eles. Como ocorreu essa mudança? Não sei. O que poderia torná-la legítima? Creio poder responder a essa pergunta.

Considerando apenas a força e o efeito dela resultante, diria: "enquanto um povo é obrigado a obedecer e obedece, faz bem; assim que puder sacudir o jugo e o sacode, age melhor ainda; porque, ao recuperar a liberdade pelo mesmo direito pelo qual a tomaram dele, ou ele tem o direito de retomá-la, ou esta não lhe podia ser negada. Mas a ordem social é um direito sagrado, sobre o qual se fundam todos os outros. Entretanto, esse direito não deriva, de modo algum, da natureza; funda-se, portanto, em convenções. Temos de saber quais são essas convenções. Antes de prosseguir, devo determinar o que acabo de afirmar.

Capítulo II
Das primeiras sociedades

A mais antiga de todas as sociedades (e a única natural) é a família. Ainda assim, os filhos permanecem ligados ao pai enquanto carecem dele para sua conservação. Logo que esse carecimento cessa, o laço natural se dissolve. Os filhos são dispensados da obediência que deviam ao pai; o pai é dispensado dos cuidados que devia aos filhos, e todos igualmente retomam sua independência. Se continuam unidos, não é mais de modo natural, mas voluntário, e a própria família somente se mantém por convenção.

Essa liberdade comum é uma consequência da natureza do homem. Sua primeira lei é zelar pela própria conservação, seus primeiros cuidados são os que deve a si mesmo, e, logo que alcança a idade da razão (sendo o único juiz dos próprios meios para a sua conservação), torna-se, dessa forma, seu próprio senhor.

Portanto, a família é, por assim dizer, o primeiro modelo das sociedades políticas; o chefe é a imagem do pai, o povo é a imagem dos filhos, e, como todos nasceram iguais e livres, somente alienam sua liberdade por sua utilidade. Toda a diferença reside no fato de que, na família, o amor do pai pelos filhos recompensa os cuidados que ele lhes oferece, e que, no Estado, o prazer de comandar substitui esse amor que o chefe não nutre pelo povo.

Grotius nega que todo poder humano seja estabelecido em favor dos que são governados e cita, como exemplo, a escravidão. Sua maneira mais constante de argumentar é sempre estabelecer o direito pelo fato.[1] Poderia ser utilizado um método mais consequente, mas não mais favorável aos tiranos.

Portanto, é duvidoso, segundo Grotius, que o gênero humano pertença a uma centena de homens ou que essa centena de homens pertença ao gênero humano; e ele parece, em seu livro, tender para a primeira opinião. Esse também é o sentimento de Hobbes. Assim, eis a espécie humana dividida em rebanhos de gado, nos quais cada um tem seu chefe, que o guarda para devorá-lo.

Como um pastor tem uma natureza superior em comparação ao rebanho, os pastores de homens (que são seus líderes) também têm uma natureza superior à de seu povo. Dessa forma, argumentava, segundo Fílon, o imperador Calígula, concluindo muito bem, a partir dessa analogia, que ou os reis eram deuses, ou os homens eram animais.

O argumento de Calígula é semelhante ao de Hobbes e Grotius. Antes de todos eles, Aristóteles, havia dito também que os homens não são naturalmente iguais, mas que uns nascem para a escravidão, enquanto outros, para a dominação.

Aristóteles tinha razão; no entanto, tomou o efeito pela causa. Todo homem que nasce na escravidão nasce para a escravidão; não resta dúvida. Os escravos perdem tudo ao serem acorrentados — até mesmo o direito de libertar-se dos grilhões; amam a servidão tanto quanto os companheiros de Ulisses amavam seu embrutecimento.[2] Portanto, se existem escravos por natureza, é porque também existem escravos

---

[1] "As pesquisas eruditas acerca do direito público não são, muitas das vezes, mais que a história dos antigos abusos, e se dar ao trabalho de estudá-los demais é mera teimosia." *Tratado manuscrito dos interesses da Fr. em relação aos vizinhos*, por M. L. M. d'A. (Edição de 1782: Tratado dos interesses da Fr. em relação aos vizinhos, por M., Marquês d'Argenson, impresso por Rey, em Amsterdã.) Foi justamente isso que Grotius fez. (N. A.)

[2] Ver um pequeno tratado de Plutarco cujo título é: *Que os animais usem a razão*. (N. A.)

contra a natureza. A força fez os primeiros escravos, a covardia os eterniza.

Não disse nada sobre o rei Adão, nem sobre o imperador Noé, pai dos três grandes monarcas que dividiram o universo, como o fizeram os filhos de Saturno, que muitos acreditaram reconhecer naqueles. Espero que me agradeçam essa moderação; pois, descendendo diretamente de um desses príncipes e, talvez, do ramo mais velho, como posso saber se, ao examinar os títulos, não descobriria ser eu o rei legítimo do gênero humano? Seja como for, não se pode negar que Adão foi o soberano do mundo, como Robinson em sua ilha, visto que era seu único habitante; e o que havia de cômodo nesse império era que o monarca, seguro em seu trono, não tinha de temer nem rebeliões, nem guerras nem conspiradores.

Capítulo III
Do direito do mais forte

O mais forte nunca é forte demais para ser sempre o senhor, se não transformar a força em direito, e a obediência, em dever. Disso resulta o direito do mais forte; direito tomado de modo irônico em aparência, e realmente estabelecido em princípio. Mas alguma vez nos explicarão essa palavra? A força é uma potência física; não vejo qual moralidade possa resultar de seus efeitos. Ceder à força é um ato de necessidade, não de vontade; é, no máximo, um ato de prudência. Em que sentido poderia ser um dever?

Suponhamos, por um momento, o assim chamado direito. Digo que resulta disso apenas uma confusão inexplicável. Pois, quando é a força que faz o direito, o efeito se modifica com a causa; toda força que supera a primeira sucede a seu direito. Uma vez que se pode desobedecer impunemente, torna-se legítimo fazê-lo; como o mais forte sempre tem razão, basta agir como sendo o mais forte. Ora, que direito é esse que perece quando cessa a força? Se devemos obedecer pela força, não é necessário obedecer pelo dever, e se não se é mais forçado a obedecer, não se está mais obrigado a isso. Vê-se, portanto, que a palavra direito nada acrescenta à força; aqui não significa absolutamente nada.

Obedecer às potências. Se isso significa "ceder à força", o preceito é bom, porém, supérfluo; afirmo que jamais será violado. Todo poder vem de Deus, reconheço; mas toda doença também. Então, não é mais necessário chamar o médico? Quando um bandido me surpreende num recanto da floresta, não somente devo, pela força, entregar-lhe a bolsa; mas, caso pudesse escondê-la, seria, em sã consciência, obrigado a entregá-la? Porque, enfim, a pistola que ele segura também é uma potência.

Convenhamos, então, que a força não constitui o direito, e que somente se está obrigado a obedecer às potências legítimas. Portanto, retornamos sempre à minha pergunta primitiva.

Capítulo IV
Da escravidão

Posto que nenhum homem tem autoridade natural sobre seu semelhante, e que a força não produz nenhum direito, restam, portanto, as convenções como base de toda autoridade legítima entre os homens.

Se um indivíduo, afirma Grotius, pode alienar sua liberdade e se tornar escravo de um senhor, por que um povo inteiro não poderia alienar a sua liberdade e se tornar súdito de um rei? Temos aí termos equívocos que necessitariam de explicação, mas devemos nos deter em alienar. Alienar é dar ou vender. Ora, um homem que se torna escravo de outro não se dá; ele se vende, ao menos, para sua subsistência; mas por que um povo iria vender-se? Um rei, longe de oferecer a subsistência aos súditos, tira a sua deles e, segundo Rabelais, um rei não vive de pouca coisa. Os súditos dão, portanto, sua pessoa, contanto que também lhes sejam tomados seus bens? Não vejo o que lhes resta para conservar.

Dirão que o déspota garante aos súditos a paz civil. Que seja; mas o que eles ganham, se as guerras em que sua ambição os lança, se sua avidez insaciável, se os vexames de sua administração os arruínam mais que suas dissensões? O que ganham, se essa tranquilidade mesma é uma de suas misérias? Vive-se tranquilo também nas prisões; isso já é suficiente para que alguém se sinta bem nelas? Os gregos presos no antro do Ciclope viviam tranquilos, aguardando sua vez de serem devorados.

Dizer que um homem se dá gratuitamente é dizer uma coisa absurda e inconcebível; tal ato é ilegítimo e nulo, pelo simples fato de que quem o faz não está em posse de seu bom senso. Dizer a mesma coisa de um povo inteiro é supor uma nação formada por loucos: a loucura não gera o direito.

Mesmo que cada um pudesse alienar-se, não poderia alienar seus filhos, posto que eles nascem homens livres; sua liberdade lhes pertence, e ninguém, além deles, tem o direito de dispor dela. Antes que atinjam a idade da razão, o pai pode, em seu nome, estipular as condições para sua conservação, para seu bem-estar; mas não dá-los irrevogavelmente e sem condição; pois essa doação é contrária aos fins da natureza e ultrapassa os direitos da paternidade. Para que um governo arbitrário fosse legítimo, seria necessário que, a cada geração, o povo fosse o senhor para admiti-lo ou rejeitá-lo: mas então esse governo não seria mais arbitrário.

Renunciar à liberdade é renunciar à sua qualidade de homem, aos direitos da humanidade e mesmo a seus deveres. Não há compensação possível para aquele que renuncia a tudo. Tal renúncia é incompatível com a natureza do homem, e excluir toda a moralidade de suas ações é excluir toda a liberdade de sua vontade. Finalmente, é uma convenção vã e contraditória estipular, por um lado, uma autoridade absoluta e, por outro, uma obediência sem limites. Não está claro que não há compromisso com aqueles sobre os quais se tem o direito de tudo exigir, e essa única condição, sem equivalente, sem troca, resulta na nulidade do ato? Pois qual direito teria meu escravo contra mim, se tudo o que ele tem me pertence, e, sendo seu direito o meu, esse direito meu contra mim mesmo é uma expressão que não tem sentido?

Grotius e os outros retiram da guerra outra origem para o suposto direito da escravidão. Posto que o vencedor tem, segundo eles, o direito de matar o vencido, este pode adquirir novamente sua vida à custa da liberdade; convenção tão mais legítima à medida que se volta ao interesse de ambos.

Mas é claro que esse suposto direito de matar os vencidos não resulta, de forma alguma, do estado de guerra. Pelo simples fato de que os homens, vivendo em sua primitiva independência, não mantêm entre si nenhuma relação tão constante para constituir nem o estado de paz nem o estado de guerra; não são, de forma alguma, inimigos naturais. É a relação das coisas, e não dos homens, que constitui a guerra, e o estado de guerra não pode nascer de simples relações pessoais, mas apenas das relações reais. A guerra privada ou de homem contra homem não pode existir nem no estado de natureza (no qual não existe a propriedade constante) nem no estado social (no qual tudo está sob a autoridade das leis).

Os combates privados, os duelos, os confrontos são atos que não constituem, de forma alguma, um estado de guerra; e, em relação às guerras privadas, autorizadas pelas Ordenações de Luís IX, rei da França, e suspensas pela paz de Deus, são abusos do governo feudal, um sistema absurdo — se é que já foi um sistema — e contrário aos princípios do direito natural e a toda boa *politia*.

A guerra não é, portanto, uma relação de homem para homem, mas uma relação de Estado para Estado, na qual os indivíduos somente são inimigos por acidente, nem como homens nem mesmo como cidadãos,[3] mas como soldados;

---

[3] "Os romanos, que souberam compreender e respeitar o direito de guerra mais que qualquer outra nação do mundo, levaram tão longe o escrúpulo, nesse sentido, que não era permitido a um cidadão servir como voluntário sem estar expressamente engajado contra o inimigo. Uma legião na qual Catão, o Jovem, se iniciava na guerra sob o comando de Popílio, tendo sido reformada, Catão, o Velho, escreveu a Popílio que, se este desejava que seu filho continuasse a servir sob suas ordens, deveria fazer que prestasse um novo juramento militar, pois, tendo sido o primeiro anulado, ele não poderia mais pegar em armas contra o inimigo. E o próprio Catão

de forma alguma, como membros da pátria, mas como seus defensores. Finalmente, cada Estado somente pode ter como inimigos outros Estados, e não homens, uma vez que, entre coisas de naturezas diferentes, não se pode estabelecer nenhuma relação verdadeira.

Esse princípio é conforme mesmo às máximas estabelecidas em todos os tempos e à prática constante de todos os povos civilizados. As declarações de guerra constituem advertências menos às potências que a seus súditos. O estrangeiro (seja ele rei, indivíduo, nação) que roubar, matar ou detiver os súditos sem declarar guerra ao príncipe não é um inimigo, mas um bandido. Mesmo em plena guerra, um príncipe justo se apropria, em país inimigo, de tudo o que pertence ao público, mas respeita a pessoa e os bens individuais; respeita os direitos nos quais se fundam os seus. Sendo a finalidade da guerra a destruição do Estado inimigo, tem-se o direito de matar seus defensores quando empunhem armas; mas, logo que eles as depõem e se rendem, deixam de ser inimigos ou instrumentos do inimigo, e voltam a ser simplesmente homens; e não se tem mais direito sobre sua vida. Algumas vezes, pode-se destruir o Estado sem destruir nenhum de seus membros; ora, a guerra não dá nenhum direito que não seja necessário à sua finalidade. Esses princípios não são os de Grotius; não estão fundados na autoridade dos poetas, mas derivam da natureza das coisas, e se fundam sobre a razão.

Em relação ao direito de conquista, não há outro fundamento além da lei do mais forte. Se a guerra não dá, de forma alguma, ao vencedor o direito de massacrar os povos vencidos, esse direito que não se tem não pode fundamentar o de submetê-los. Somente se tem o direito de matar o inimigo quando não se pode torná-lo escravo; o direito de escravizar não deriva, portanto, do direito de matar: trata-se, de uma

---

escreveu ao filho, dizendo que evitasse apresentar-se ao combate sem ter prestado o novo juramento. Sei que poderão opor-me o cerco de Clúsio e outros fatos particulares, mas cito leis e costumes. Os romanos são os que, com menos frequência, transgrediram suas leis, e são os únicos que as tiveram tão belas." (Edição de 1782) (N. A.)

troca injusta fazê-lo adquirir, ao preço da liberdade, a vida sobre a qual não se tem nenhum direito. Ao estabelecer o direito de vida e de morte sobre o direito de escravidão, e o direito de escravidão sobre o direito de vida e de morte, não está claro que caímos num círculo vicioso?

Supondo mesmo esse terrível direito de matar a todos, digo que um escravo feito durante a guerra ou um povo conquistado não tem qualquer obrigação em relação a seu senhor, senão a de obedecê-lo, pois é forçado a isso. Ao tomar um equivalente à sua vida, o vencedor não lhe concedeu, de forma alguma, a graça; em lugar de matá-lo sem proveito, ele o matou de modo útil. Longe, portanto, de ter adquirido sobre ele alguma autoridade unida à força, o estado de guerra subsiste entre eles como antes, e sua própria relação é o efeito disso, e o uso do direito da guerra não pressupõe nenhum tratado de paz. Fizeram um contrato, que seja: mas esse contrato, longe de destruir o estado de guerra, pressupõe a sua continuidade.

Assim, de qualquer direção que se observem as coisas, o direito de escravizar é nulo, não apenas por ser ilegítimo, mas porque é absurdo e sem sentido. Estas palavras — escravidão e direito — são contraditórias e se excluem mutuamente. Seja de homem para homem, seja de um homem para uma nação, este discurso será sempre igualmente insensato: "faço contigo uma convenção, ficando tudo a teu cargo e tudo para meu proveito, [contrato este] que observarei enquanto me agradar, e que tu observarás enquanto me agradar".

Capítulo V
De como se deve sempre remontar a uma primeira convenção

Ainda que tivesse concordado com tudo o que refutei até aqui, os promotores do despotismo não estariam em melhor posição. Sempre haverá uma grande diferença entre submeter uma multidão e governar uma sociedade. Quando homens isolados são sucessivamente submetidos a um só homem, qualquer que seja seu número, não vejo senão um senhor e seus escravos; não vejo, de forma alguma, uma nação e seu líder. Pode-se chamar uma aglomeração, mas não uma associação, pois não há, nesse caso, nem bem público nem corpo político. Esse homem, caso tivesse submetido metade do mundo, sempre é um indivíduo; seu interesse, separado do dos outros, sempre é um interesse privado. Se esse mesmo homem perece, depois dele seu império fica disperso e sem ligação, da mesma forma que um carvalho se decompõe e cai, formando um monte de cinzas, depois que o fogo o consumiu.

Um povo, diz Grotius, pode dar-se a um rei. Segundo Grotius, um povo é, portanto, um povo, antes de se dar a um rei. Essa doação é um ato civil, que pressupõe uma deliberação pública. Portanto, antes de examinar o ato pelo qual um povo elege um rei, seria bom examinar o ato pelo qual um povo é um povo. Pois esse ato sendo necessariamente anterior ao outro é o verdadeiro fundamento da sociedade.

Com efeito, se não houvesse nenhuma convenção anterior, onde estaria (a menos que a eleição fosse unânime) a obrigação da minoria de se submeter à escolha da maioria? E de onde os cem que desejam um senhor derivam o direito de votar por dez que não o desejam de forma alguma? A lei da pluralidade dos sufrágios é, ela mesma, uma instituição da convenção, e pressupõe, ao menos uma vez, a unanimidade.

Capítulo VI
Do pacto social

Imagino os homens chegando a esse ponto no qual os obstáculos que impediam sua conservação no estado de natureza prevalecem, pela própria resistência, sobre as forças que cada indivíduo pode empregar para se manter nesse estado. Então, o estado primitivo não pode mais subsistir, e o gênero humano pereceria se não modificasse sua maneira de ser.

Ora, como os homens não podem engendrar novas forças, mas somente unir e dirigir as que existem, não têm outro meio para se conservar senão formar, por agregação, uma soma de forças que possa prevalecer sobre a resistência, pondo-as em jogo por um único objetivo, e fazendo-as agir em concerto.

Essa soma de forças somente pode nascer do concurso de muitos; mas, sendo a força e a liberdade de cada homem os primeiros instrumentos de sua conservação, como engajá-las sem se prejudicar e sem negligenciar os cuidados necessários? Essa dificuldade, reconduzida à minha questão, pode ser enunciada do seguinte modo: "encontrar uma forma de associação que defenda e proteja com toda a força comum a pessoa e os bens de cada associado, e por meio da qual cada um, ao se unir a todos, somente obedeça a si mesmo e permaneça tão livre quanto antes". Tal é o problema fundamental a que o contrato social oferece a solução.

As cláusulas desse contrato são de tal modo determinadas pela natureza do ato, que a menor modificação as tornaria vãs e sem efeito; de modo que, ainda que jamais tivessem sido enunciadas formalmente, são as mesmas por toda parte, e, por toda parte, são tacitamente admitidas e reconhecidas; até que, tendo sido violado o pacto social, cada um retorna então a seus primeiros direitos e retoma sua liberdade natural, ao perder a liberdade convencional à qual renuncia.

Essas cláusulas se reduzem, todas, a uma única, a saber: a alienação total de cada associado, com todos os seus direitos, a toda a comunidade. Pois, em primeiro lugar, cada um se doando inteiramente, a condição é igual para todos, e, sendo a condição igual para todos, ninguém tem interesse em torná-la onerosa para os demais.

Além disso, se a alienação for feita sem reserva, a união é tão perfeita quanto possível e nenhum associado pode reclamar: pois, se restassem alguns direitos aos indivíduos, como não haveria nenhum superior comum que pudesse decidir entre eles e o público, cada um, sendo, até certo ponto, seu próprio juiz, logo pretenderia ser o juiz de todos. O estado de natureza subsistiria e a associação se tornaria necessariamente tirânica ou vã.

Por fim, cada um se doando a todos não se dá a ninguém, e, como não há um associado sobre o qual não se adquire o direito que se cede sobre si mesmo, ganha-se o equivalente de tudo o que foi perdido, e mais força para conservar o que se tem.

Se, portanto, separar do pacto social aquilo que não pertence à sua essência, veremos que ele se reduz aos seguintes termos: "cada um de nós põe sua pessoa e toda sua potência sob a suprema direção da vontade geral; e recebe, enquanto corpo, cada membro como parte indivisível do todo".

Imediatamente, em lugar da individualidade particular de cada uma das partes contratantes, esse ato de associação produz um corpo moral e coletivo composto de tantos membros quantos são os votos da assembleia, o qual recebe, desse mesmo ato, sua unidade, seu eu comum (*moi*), sua vida e sua vontade. Essa pessoa pública, que se forma assim pela união de todas as outras, recebeu outrora o nome de cidade,[4] e agora recebe o de república ou de corpo político, o qual é chamado por seus membros de Estado, quando é passivo; soberano, quando é ativo; potência, ao ser comparado a seus semelhantes. No que se refere aos associados, eles recebem coletivamente o nome de povo, e se chamam, em particular, cidadãos, como participantes da autoridade soberana, e súditos, posto que submissos às leis do Estado. Mas esses

---

[4] O sentido verdadeiro dessa expressão foi praticamente perdido entre os modernos; a maioria confunde uma vila com uma cidade, e um burguês com um cidadão. Não sabem que as casas constituem uma vila, mas que são os cidadãos que fundam a cidade. Esse mesmo erro custou caro aos cartagineses. Nunca li que o título de cidadãos (*cives*) tivesse sido dado aos súditos de príncipe algum, nem mesmo, nos tempos antigos, aos macedônios, nem, em nossos dias, aos ingleses, embora mais próximos da liberdade que todos os outros. Apenas os franceses empregam de modo inteiramente familiar a palavra "cidadão", pois dela não têm ideia verdadeira (como se pode ver em seus dicionários), sem a qual eles cometeriam, por usurpação, o crime de lesa-majestade: entre eles, esse nome exprime uma virtude, mais que um direito. Quando Bodin quis falar de nossos cidadãos e burgueses, cometeu um grave equívoco ao tomar uns pelos outros. O Sr. d'Alembert não se enganou e distinguiu muito bem, em seu artigo "Genebra", as quatro ordens de homens (e mesmo cinco, incluindo os simples estrangeiros) que há em nossa vila, e dos quais somente duas ordens formam a república. Nenhum outro autor francês, que eu saiba, compreendeu o verdadeiro sentido da palavra "cidadão". (N. A.)

termos se confundem frequentemente e são tomados um pelo outro; basta saber distingui-los quando são utilizados em toda sua precisão.

Capítulo VII
Do soberano

Vê-se por essa fórmula, que o ato de associação encerra um compromisso recíproco do público com os indivíduos, e que cada indivíduo, ou parte contratante, por assim dizer, consigo mesmo, se encontra comprometido em uma dupla relação; a saber, como membro do soberano em relação aos indivíduos, e como membro do Estado em relação ao soberano. Mas não se pode aplicar aqui a máxima do direito civil de que ninguém mantém os compromissos assumidos consigo mesmo; pois existe uma diferença entre se comprometer consigo mesmo ou com o todo do qual se faz parte.

Deve-se observar ainda que a deliberação pública que pode comprometer todos os súditos em relação ao soberano, em consequência de duas relações diferentes sob as quais cada um deles é visado, não pode, pela razão contrária, comprometer o soberano consigo mesmo e que, consequentemente, é contra a natureza do corpo político que o soberano se imponha uma lei que não possa infringir. Não podendo considerar-se senão sob uma única e mesma relação, portanto, no caso de um indivíduo contratante consigo mesmo; a partir daí se vê que não há nem pode haver nenhuma espécie de lei fundamental obrigatória para o corpo do povo, nem mesmo o contrato social. Isso não significa que tal corpo não possa perfeitamente se comprometer com outrem naquilo que não infringe esse contrato; pois, em relação ao estrangeiro, torna-se um ser simples, um indivíduo.

Mas o corpo político ou o soberano, derivando sua existência somente da santidade do contrato, jamais pode comprometer-se consigo mesmo, nem com outrem, em nada que infrinja esse ato primitivo, como alienar qualquer porção de si mesmo ou se submeter a outro soberano. Violar o ato pelo qual ele existe será aniquilar a si mesmo; e o que não é nada não produz nada.

Assim que a multidão está, portanto, reunida em um corpo, não se pode ofender um de seus membros sem atacar o corpo; menos ainda ofender o corpo sem que os membros se ressintam disso. Portanto, o dever e o interesse obrigam igualmente as duas partes contratantes a se ajudarem mutuamente, e os mesmos homens devem buscar reunir sob essa dupla relação todas as vantagens que dela dependem.

Ora, o soberano, não sendo formado senão por indivíduos que o compõem, não tem nem pode ter interesse contrário ao deles; consequentemente, o poder soberano não tem necessidade de garantia em relação aos súditos, pois é impossível que o corpo queira prejudicar todos os seus membros, e veremos a seguir que não pode prejudicar ninguém em particular. O soberano, pelo simples fato de sê-lo, é sempre tudo o que deve ser.

Mas não é assim na relação entre os súditos e o soberano, ao qual, apesar do interesse comum, ninguém responderia por seus compromissos se não encontrasse meios de garantir sua fidelidade.

Com efeito, cada indivíduo pode, enquanto homem, ter uma vontade particular contrária ou diversa da vontade geral que tem como cidadão. Seu interesse privado pode parecer-lhe de modo distinto do interesse comum; sua existência absoluta e naturalmente independente pode fazê-lo considerar o que deve à causa comum como uma contribuição gratuita, cuja perda será menos prejudicial aos outros que o pagamento oneroso para si, e considerando a pessoa moral que constitui o Estado como um ente de razão, posto que não é um homem, desfrutaria dos direitos do cidadão sem querer cumprir os deveres do sujeito, injustiça cujo progresso causaria a ruína do corpo político.

Portanto, a fim de que o pacto social não seja uma fórmula vã, encerra tacitamente esse compromisso que unicamente pode dar força aos outros; quem se recusar a obedecer à vontade geral será limitado por todo o corpo: isso não significa senão que será forçado a ser livre; pois tal é a condição que dá cada cidadão à pátria, e o garante contra toda dependência pessoal; condição que cria o artifício e o jogo da máquina política, e que somente torna legítimos os compromissos civis, os quais, sem ela, seriam absurdos, tirânicos e estariam sujeitos aos maiores abusos.

Capítulo VIII
Do estado civil

Essa passagem do estado de natureza ao estado civil produz no homem uma mudança muito significativa, ao substituir em sua conduta o instinto pela justiça, e dar a suas ações a moralidade que lhes faltava anteriormente. Só então a voz do dever sucede ao impulso físico, e o direito, ao apetite, e o homem, que até então não consideraria senão a si mesmo, se vê forçado a agir sob outros princípios e a consultar sua razão antes de ouvir suas inclinações. Embora se prive, nesse estado, das diversas vantagens que extrai da natureza, adquire vantagens igualmente grandes para si; suas faculdades são utilizadas e se desenvolvem; suas ideias se ampliam; seus sentimentos se enobrecem; toda a sua alma se eleva a tal ponto que, se os abusos dessa nova condição não o degradassem frequentemente para uma condição mais baixa que essa da qual saiu, ele deveria agradecer sem cessar o instante feliz que o arrancou para sempre dela, e que, de um animal tolo e limitado, transformou-o num ser inteligente e num homem.

Simplifiquemos todo esse esquema a termos de fácil comparação. O que o homem perde pelo contrato social é a liberdade natural e um direito ilimitado a tudo que o tenta e que ele pode alcançar; o que ele ganha é a liberdade civil e a propriedade de tudo que possui. Para não se iludir com essas compensações, é necessário antes distinguir a liberdade natural, que não tem por limites senão as forças do indivíduo, da liberdade civil, que é limitada pela vontade geral, e a posse, que não é senão o efeito da força ou o direito do primeiro ocupante, da propriedade que não pode fundar-se senão sobre um título positivo.

Poder-se-ia acrescentar, ao que foi dito antes sobre as vantagens do estado civil, a liberdade moral, que apenas torna o homem verdadeiramente senhor de si; pois o impulso do mero apetite é escravidão, e a obediência à lei que se prescreve é liberdade. Mas muito falei sobre esse termo, e o sentido filosófico da palavra liberdade não é aqui o meu tema.

Capítulo IX
Do domínio real

Cada membro da comunidade se doa a ela no momento em que ela se forma, tal como ele se encontra atualmente, com todo o seu ser e todas as suas forças, e os bens que possui. Não é senão por meio desse ato que a posse muda de natureza ao mudar de mãos, e se torna propriedade nas mãos do soberano: no entanto, como as forças da cidade são incomparavelmente maiores que as de um indivíduo, a posse pública é também, com efeito, mais forte e irrevogável, sem ser mais legítima, ao menos para os estrangeiros. Pois o Estado em relação a seus membros é senhor de todos seus bens pelo contrato social, que, no Estado, serve de base para todos os direitos; mas ele não o é senão em relação a outras potências por meio do direito de primeiro ocupante que deriva dos particulares.

O direito de primeiro ocupante, embora seja mais real que o do mais forte, não se torna um direito verdadeiro senão após o estabelecimento do direito de propriedade. Todo homem tem por natureza direito a tudo o que lhe é necessário; mas o ato positivo que o torna proprietário de certo bem o exclui da propriedade de todo o resto. Sua parte lhe sendo atribuída, ele deve limitar-se a ela, e não tem mais nenhum direito à comunidade. Eis a razão por que o direito de primeiro ocupante, tão frágil no estado de natureza, é respeitado por todo homem civil. Respeita-se menos nesse direito o que é de outrem do que o que não é seu.

Em geral, para permitir sobre um terreno qualquer o direito de primeiro ocupante, devem ser obedecidas as seguintes condições. Em primeiro lugar, que o terreno não esteja ainda habitado por ninguém; segundo, que não ocupe mais que a área de que necessita para subsistir; terceiro, que tome posse dele não por meio de vã cerimônia, mas pelo trabalho e pelo cultivo, único sinal de propriedade que, na ausência de títulos jurídicos, deve ser respeitado por outrem.

Com efeito, se conciliamos à necessidade e ao trabalho o direito de primeiro ocupante, por que não ampliá-lo ao máximo? Não se pode impor limites a esse direito? Bastará pôr o pé em um terreno comum para se pretender imediatamente ser o seu senhor? Bastará ter a força de se separar por um momento dos outros homens para lhes retirar o direito de ali voltar? Como um homem ou um povo pode assenhorear-se de um território imenso e privar todo o gênero humano, de outra forma, senão por uma usurpação sujeita a punição, posto que essa retira do restante dos homens a morada e o alimento que a natureza lhes oferece em comum? Quando Nuñez Balboa tomou posse, à beira-mar, dos mares do sul e de toda a América meridional em nome da coroa de Castela, isso foi suficiente para privar todos os seus habitantes e expulsar todos os príncipes do mundo? Poderia ter havido inúmeras dessas cerimônias; e o rei católico, em seu gabinete, não teria senão de tomar, de um golpe só, posse de todo o universo; exceto para suprimir então de seu império o que, outrora, estava em posse dos outros príncipes.

Percebe-se como as terras dos particulares reunidas e contíguas tornaram-se território público, e como o direito de soberania estendendo-se dos súditos à terra que ocupam se torna, de uma só vez, real e pessoal; isso coloca os proprietários em uma dependência maior ainda, e faz da própria força a garantia de sua fidelidade, uma vantagem que não parece ter sido bem compreendida pelos antigos monarcas, que não se chamavam senão de reis dos persas, dos citas, dos macedônios, e pareciam considerar-se governantes dos homens mais que senhores de países. Os monarcas de hoje se chamam com mais capacidade reis da França, Espanha, Inglaterra, etc., e, dominando, dessa forma, a terra, têm certeza de dominar seus habitantes.

O que há de singular nessa alienação é o fato de que a comunidade, aceitando os bens dos indivíduos, longe de despojá-los deles, não faz senão assegurar-lhes a posse legítima, transformando a usurpação em um verdadeiro direito, e o prazer em propriedade. Então os proprietários, sendo considerados depositários do bem público, e seus direitos sendo respeitados por todos os membros do Estado e conservados por todas as suas forças contra o estrangeiro, por uma cessão vantajosa ao público e, mais ainda, a eles mesmos, adquiriram, por assim dizer, tudo o que lhes foi dado. Um paradoxo facilmente explicado pela distinção entre os direitos do soberano e do proprietário em relação à mesma propriedade, como veremos mais adiante.

Pode ocorrer também que os homens comecem a se unir antes que possuam alguma coisa e que, tomando posteriormente um território suficiente para todos, desfrutem dele em comum, ou que o dividam entre si, a saber, de forma igual, segundo as proporções estabelecidas pelo soberano. De qualquer maneira que seja feita essa aquisição, o direito que cada particular tem sobre a sua propriedade sempre está subordinado ao direito que a comunidade tem sobre todos, sem o que ele não teria nem solidez na relação social nem força real no exercício da soberania.

Terminarei este capítulo e o livro com uma observação que deve servir de base a todo o sistema social: em lugar de destruir a igualdade natural, o pacto fundamental substitui, ao contrário, por uma igualdade moral e legítima a desigualdade que a natureza poderia ter imposto aos homens, os quais, podendo ser desiguais em força ou gênio, tornam-se todos iguais por convenção e direito.[5]

Fim do livro primeiro

---

[5] Sob os maus governos, essa igualdade é somente aparente e ilusória; apenas serve para manter o pobre na miséria e o rico em sua usurpação. As leis são, de fato, sempre úteis aos que possuem e prejudiciais aos que nada têm. Segue-se, portanto, que o estado social somente é vantajoso aos homens se eles tiverem alguma coisa e alguns entre eles não tiverem demasiado. (N. A.)

Livro segundo

Capítulo I
Que a soberania é inalienável

A primeira e mais importante consequência dos princípios estabelecidos acima é que a vontade geral pode somente dirigir as forças do Estado segundo o fim de sua instituição, que é o bem comum: porque, se a imposição dos interesses privados tornou necessário o estabelecimento das sociedades, é o acordo desses mesmos interesses que a tornou possível. É o que ela tem de comum nos diferentes interesses que forma o vínculo social, e, se não houver algum ponto no qual todos os interesses se acordem, nenhuma sociedade poderá existir. Ora, é unicamente sobre esse interesse comum que a sociedade deve ser governada.

Afirmo, portanto, que a soberania, não sendo mais que o exercício da vontade geral, jamais pode alienar-se, e que o soberano, que é somente um ser coletivo, não pode ser representado senão por si mesmo; o poder pode muito bem ser transmitido, mas não a vontade.

Com efeito, se não é impossível que uma vontade particular concorde sobre algum ponto com a vontade geral, é impossível, pelo menos, que esse acordo seja durável e constante; pois a vontade particular tende, por sua natureza, a certas preferências, e a vontade geral, à igualdade. É mais impossível ainda que se tenha uma garantia para esse acordo, muito embora ela deva sempre existir; isso não seria um efeito do artifício, mas do acaso. O soberano pode muito bem afirmar: "desejo agora o que deseja tal homem, ou ao menos o que ele diz desejar"; mas não pode afirmar: "o que este homem desejará amanhã, eu também o desejarei"; porque é absurdo que a vontade se ponha sob grilhões em relação ao futuro, e porque não depende de nenhuma vontade consentir em nada contrário ao bem do ser que deseja. Portanto, se o povo promete simplesmente obedecer, dissolve-se por meio desse ato, perde sua qualidade enquanto povo; no momento em que há um senhor, deixa de existir um soberano, e a partir de então o corpo político é destruído.

Isso não significa dizer que as ordens dos líderes não possam ser consideradas como a vontade geral, uma vez que o soberano, livre para se opor a eles, não o faz. Em tal caso, deve-se supor, a partir do silêncio universal, o consentimento do povo. Isso será explicado mais adiante.

Capítulo II
Que a soberania é indivisível

Pela mesma razão pela qual a soberania é inalienável, ela é indivisível. Pois a vontade é geral,[6] ou não é vontade; ela é a vontade do corpo do povo ou somente de uma parte. No primeiro caso, essa vontade declarada é um ato de soberania e constitui a lei. No segundo, não é mais que uma vontade particular, ou um ato de magistratura; é um decreto, no máximo.

Mas nossos políticos, sem poder dividir a soberania em seu princípio, dividem-na em seu objeto, eles a dividem em força e em vontade, em poder legislativo e em poder executivo, em direitos de tributos, de justiça e de guerra, em administração interior e em relações exteriores; algumas vezes, confundem todas essas partes e, algumas vezes, separam-nas. Fazem do soberano um ser fantástico e formado por peças distintas; é como se criassem o homem a partir de muitos corpos, dos quais, um teria os olhos, outro, os braços, outro, os pés, e nada mais. Os charlatões do Japão, diz-se, cortam uma criança, diante dos olhos dos espectadores; em seguida, lançando no ar todos os seus membros, um após o outro, fazem que a criança volte à vida, inteira. Tais são os truques

---

[6] Para que uma vontade seja geral, nem sempre é necessário que seja unânime, mas é necessário que todos os votos sejam levados em consideração; toda exclusão formal rompe a generalidade. (N. A.)

de nossos políticos; depois de desmembrar o corpo social por um prestígio digno do circo, recompõem suas peças, de modo improvável.

Esse erro decorre de não se terem formado ideias claras da autoridade soberana e de se ter considerado como partes dessa autoridade o que eram somente emanações. Assim, por exemplo, considera-se o ato de declarar a guerra e o de fazer a paz como atos de soberania, o que não são; posto que cada um desses atos não é uma lei, mas somente uma aplicação da lei, um ato particular que determina o caso da lei, como se verá claramente quando a ideia atrelada à palavra lei for estabelecida.

Acompanhando, do mesmo modo, as outras divisões, descobrir-se-á que há engano todas as vezes que se crê ver a soberania compartilhada, que os direitos que se toma por partes da soberania são todos a ela subordinados e supõem sempre vontades supremas das quais esses direitos não são senão funções.

Seria impossível descrever a obscuridade sobre as conclusões dos autores em matéria de direito político, quando eles quiseram ajuizar os respectivos direitos dos reis e dos povos sobre os princípios que estabeleceram. Cada um pode ver, nos capítulos III e IV do primeiro livro de Grotius, como esse sábio homem e seu tradutor, Barbeyrac, confundem-se e embaraçam-se em seus sofismas, por temor de falar demais ou não dizer o suficiente de acordo com seu ponto de vista, e de ofender os interesses que eles tinham de conciliar. Grotius, refugiado na França, descontente com a sua pátria, e desejando cortejar Luís XIII, ao qual dedica o livro, não perde tempo em despir o povo de todos os seus direitos e em concedê-los aos reis com todo o artifício possível. Esse também deveria ter sido claramente o gosto de Barbeyrac, que dedicou sua tradução ao rei da Inglaterra, Jorge I. Infelizmente, porém, a expulsão de Jaime II, que ele chama abdicação, obrigou-o a se manter reservado, a distorcer e a tergiversar, para não fazer de Guilherme um usurpador. Se os dois escritores tivessem adotado os verdadeiros princípios, todas as dificuldades teriam sido superadas, e eles teriam sido sempre consequentes;

mas teriam dito a verdade com tristeza e cortejariam somente o povo. Ora, a verdade não conduz, de modo algum, à fortuna, e o povo não concede nem embaixadas nem cátedras nem pensões.

Capítulo III
Se a vontade geral pode errar

Segue-se do que precede que a vontade geral é sempre reta e tende sempre ao bem público: mas não se segue que as deliberações do povo tenham sempre a mesma retidão. Os homens sempre querem o próprio bem, mas nem sempre o enxergam. O povo jamais é corrompido, no entanto, frequentemente é enganado, e é somente então que parece querer o que é mau.

Muitas vezes, há uma diferença entre a vontade de todos e a vontade geral; esta não considera senão o interesse comum, a outra diz respeito ao interesse privado e não é senão uma soma de vontades particulares: mas afastem dessas mesmas vontades os mais e os menos que se anulam uns aos outros,[7] o que resta como soma das diferenças é a vontade geral.

Se, quando o povo suficientemente informado delibera, os cidadãos não tivessem nenhuma comunicação entre si, do grande número de pequenas diferenças resultaria sempre a vontade geral, e a deliberação seria sempre boa. Mas, quando se formam facções, associações parciais à custa de toda a sociedade, a vontade de cada uma dessas associações se torna geral em relação a seus membros e particular em relação ao Estado; pode-se então dizer que não há tantos

---

[7] "Cada interesse", afirma o M(arquês) d'A(rgenson), "tem princípios diferentes. O acordo de dois interesses particulares se forma por oposição ao de um terceiro". Ele poderia acrescentar que o acordo de todos os interesses se forma por oposição ao de cada um. Se não houvesse interesses diferentes, dificilmente o interesse comum seria sentido e jamais encontraria obstáculos; tudo andaria por si mesmo, e a política deixaria de ser uma arte. (N. A.)

eleitores quanto homens, mas apenas tantos eleitores quanto associações. As diferenças se tornam menos numerosas e produzem um resultado menos geral. Finalmente, quando uma dessas associações torna-se tão grande que prevalece sobre todas as outras, não se tem mais por resultado uma soma de pequenas diferenças, mas uma diferença única; então, não há mais vontade geral, e a opinião que prevalece não é mais que uma opinião particular.

É importante, portanto, para exprimir corretamente a vontade geral, que não haja facções no Estado, e que cada cidadão apenas expresse a própria opinião.[8] Tal foi a única e sublime instituição do grande Licurgo. Que, se há facções, deve-se multiplicar seu número e evitar a desigualdade, como fizeram Sólon, Numa, Sérvio. Essas precauções são as únicas adequadas para que a vontade geral seja sempre esclarecida, e para que o povo não se engane.

Capítulo IV
Os limites do poder soberano

Se o Estado ou a cidade não são mais que uma pessoa moral, cuja vida consiste na união de seus membros, e se a mais importante de suas funções é a própria conservação, é necessária uma força universal e coercitiva para mover e dispor cada parte da maneira mais conveniente ao todo. Tal como a natureza dá a cada um dos homens um poder absoluto sobre todos os seus membros, o pacto social dá ao corpo político um poder absoluto sobre todos os membros, e é esse mesmo poder que, dirigido pela vontade geral, porta, como afirmei, o nome de soberania.

---

[8] "É verdade", diz Maquiavel, "que algumas divisões prejudicam a república, enquanto outras lhe são benéficas; as prejudiciais são as acompanhadas por tramas e facções, as benéficas são as que se mantêm sem tramas nem facções. Como, portanto, nenhum fundador de uma república não pode evitar inimizades,pode evitar ao menos, que haja tramas". *Hist. Fiorent.*, L. VII.

Mas, além da pessoa pública, devemos considerar as pessoas privadas que a compõem, e cuja vida e liberdade são naturalmente independentes dela. Trata-se, portanto, de distinguir os direitos respectivos dos cidadãos e do soberano,[9] e os deveres que têm de cumprir os primeiros enquanto súditos dos direitos naturais que devem usufruir enquanto homens.

Concordamos que tudo isso que cada um aliena pelo pacto social de sua potência, de seus bens, de sua liberdade representa somente a parte de tudo aquilo cujo uso importa à comunidade, mas deve-se concordar também que apenas o soberano ajuíza essa importância.

Todos os serviços que um cidadão pode oferecer ao Estado, ele lhe deve assim que o soberano os solicita; mas o soberano, por seu turno, não pode impor aos súditos nenhum grilhão inútil à comunidade; nem mesmo pode querê-lo: pois sob a lei da razão nada é feito sem causa, do mesmo modo que sob a lei da natureza.

Os compromissos que nos unem ao corpo social não são obrigatórios senão por serem recíprocos, e sua natureza é tal que, ao realizá-los, não se pode trabalhar para o outro sem também se trabalhar para si mesmo. Por que a vontade geral é sempre reta, e por que todos querem constantemente a felicidade de cada um, se não for porque não há quem não se aproprie desta expressão *cada um*, e que não pense em si mesmo ao votar por todos? O que demonstra que a igualdade de direito e a noção de justiça que ela produz derivam da preferência que cada um se tem e, consequentemente, da natureza do homem; que a vontade geral, para ser verdadeiramente tal como deve ser em seu objeto, do mesmo modo que em sua essência, deve partir de todos para se aplicar a todos, e que perde sua retidão natural à medida que tende a algum objeto individual e específico; pois, nesse caso, ajuizando sobre o que nos é alheio, não temos nenhum princípio verdadeiro de equidade para nos guiar.

---

[9] Peço aos leitores atentos que não se apressem a me acusar aqui de contradição. Não pude evitá-la nos termos, devido à pobreza da linguagem; mas tenham paciência. (N. A.)

Com efeito, sempre que se trata de um fato ou de um direito particular, sobre um ponto que não foi regulado por uma convenção geral e anterior, a questão se torna controversa. É um processo no qual os particulares interessados são uma das partes, e o público, a outra, mas na qual não vejo nem a lei que se deve seguir nem o juiz que deve pronunciar-se. Seria ridículo querer então se referir a uma decisão expressa da vontade geral, que somente pode ser a conclusão de uma das partes, e que, por consequência, não é para a outra senão uma vontade estrangeira, particular, inclinada, nessa ocasião, à injustiça e submetida ao erro. Portanto, do mesmo modo que uma vontade particular não pode representar a vontade geral, a vontade geral, por seu turno, muda de natureza ao ter um objeto particular, e não pode, como vontade geral, decidir nem sobre um homem nem sobre um fato. Quando o povo de Atenas, por exemplo, nomeava ou cassava seus líderes, outorgava honras a um, impunha penas a outro, e por grandes quantidades de decretos particulares exercia todos os atos do governo, o povo então não tinha mais vontade geral propriamente dita; não agia mais como soberano, mas como magistrados. Isso parecia contrário aos ideais comuns, mas é preciso tempo para expor os meus.

Deve-se compreender dessa forma que o que generaliza a vontade é menos o número de vozes que o interesse comum que as une; pois, nesse sistema, cada um se submete necessariamente às condições que impõe aos outros; acordo admirável do interesse e da justiça, que dá às deliberações comuns um caráter de equidade que parece desaparecer na discussão de toda questão particular, por falta de um interesse comum que une e identifica a regra do juiz com a da parte.

Qualquer que seja a via para remontar ao princípio, chega-se sempre à mesma conclusão; a saber, que o pacto social estabelece entre os cidadãos uma tal igualdade, que todos se comprometem sob as mesmas condições, e devem usufruir dos mesmos direitos. Dessa forma, pela natureza do pacto, todo ato de soberania, ou seja, todo ato autêntico da vontade geral, obriga ou favorece igualmente a todos os cidadãos, de modo que o soberano conhece apenas o corpo da nação e não distingue nenhum dos que a compõem. O que é então propriamente um ato de soberania? Não é um acordo do superior com o inferior, mas um acordo do corpo com cada um de seus membros: acordo legítimo, posto que tem por base o contrato social, justo, pois é comum a todos, útil, pois não pode ter outro objeto além do bem geral, e sólido, pois tem por garantia a força pública e o poder supremo. Se os súditos não estão submetidos a tais acordos, não obedecem a ninguém, mas apenas à própria vontade; e perguntar até onde se estendem os respectivos direitos do soberano e dos cidadãos é perguntar até que ponto estes podem comprometer-se consigo mesmos, cada um com todos, e todos com cada um deles.

Vê-se dessa forma que o poder soberano, por mais absoluto, mais sagrado, mais inviolável que seja, não ultrapassa nem pode ultrapassar os limites dos acordos gerais, e que todo homem pode dispor plenamente do que lhe foi deixado de seus bens e de sua liberdade por esses acordos, de modo que o soberano jamais tenha o direito de encarregar um súdito mais que outro, pois à questão, tornando-se então particular, seu poder não mais se aplica.

Uma vez admitidas essas distinções, é tão falso que no contrato social haja, da parte dos indivíduos, uma renúncia verdadeira, que sua situação, por efeito desse contrato, é verdadeiramente preferível à que existia anteriormente, e que, em lugar de uma alienação, não fizeram senão uma troca vantajosa de uma existência incerta e precária por outra melhor e mais segura, da independência natural pela liberdade, do poder de prejudicar outrem por sua própria segurança, e da força que poderia ser superada por outros por um direito que a união social torna invencível. A própria vida que dedicaram ao Estado é continuamente protegida, e, ao expor sua vida para sua defesa, o que fazem então senão devolver-lhe o que receberam dele? O que fazem senão o que não faziam com maior frequência e mais perigo no estado de natureza, quando, envolvendo-se nos inevitáveis combates, defendiam, arriscando a própria vida, o que lhes servia para conservá-la? Todos devem combater pela própria pátria, é verdade; mas também ninguém jamais combateu por si. Não ganhamos também em correr, por nossa segurança, uma parte dos riscos que deveríamos correr sozinhos assim que ela nos fosse retirada?

Capítulo V
Do direito de vida e morte

Pergunta-se como os indivíduos, não tendo nenhum direito de dispor da própria vida, podem transferir ao soberano esse mesmo direito que não têm. Essa questão parece difícil de resolver somente pelo fato de que é mal formulada. Todo homem tem o direito de arriscar a vida para conservá-la. Já se disse que quem se joga por uma janela para escapar de um incêndio é culpado de suicídio? Um tal crime, com efeito, já foi imputado a quem perece durante uma tempestade porque ignorava o perigo ao embarcar?

O contrato social tem por finalidade a conservação das partes contratantes. Quem deseja o fim deseja também os meios, e os meios são inseparáveis de alguns riscos, e mesmo de algumas perdas. Quem deseja conservar sua vida à custa dos outros também deve oferecê-la a eles, se necessário. Ora, o cidadão já não é mais juiz do perigo ao qual a lei quer que ele se exponha, e, quando o príncipe lhe diz: "é conveniente ao Estado que morras", ele deve morrer; pois foi somente devido a essa condição que viveu em segurança até agora, e que sua vida não é somente um dom da natureza, mas um dom condicional do Estado.

A pena de morte infligida aos criminosos pode ser considerada do mesmo ponto de vista: é para não ser a vítima de um assassino que se consente morrer caso venha a se tornar um. Nesse acordo, longe de dispor da própria vida, pretende-se somente protegê-la, e, por isso, não se deve presumir que nenhuma das partes contratantes premedite ser enforcada.

Além disso, todo malfeitor que ataca o direito social torna-se, por seus crimes, um rebelde e traidor da pátria, cessa de ser membro dela ao violar suas leis e mesmo lhe faz a guerra. Nesse caso, a preservação do Estado é incompatível com a sua, e é necessário que um dos dois pereça; e, quando se executa o culpado, é menos como cidadão que como inimigo. Os processos e o julgamento são as provas e a declaração de que ele rompeu o contrato social e, em consequência, não é mais membro do Estado. Ora, como ele se reconhece como membro, ao menos por sua residência, deve ser subtraído pelo exílio como infrator do pacto, ou pela morte como inimigo público; pois tal inimigo não é uma pessoa moral, é um homem, e é então que o direito da guerra é matar o vencido.

Mas, dirão, a condenação de um criminoso é um ato particular. De acordo; também essa condenação não pertence, de maneira alguma, ao soberano; é um direito que pode conferir sem exercê-lo ele mesmo. Todas as minhas ideias estão atreladas, mas eu não saberia expô-las todas de uma vez.

Mais uma vez, a frequência dos suplícios é sempre um sinal de fraqueza ou de indolência no governo. Não há nada tão mau que não pudesse tornar boa qualquer coisa. Não se tem o direito de fazer morrer, mesmo para ser exemplo, exceto aquele que não se pode conservar vivo sem perigo.

Em relação ao direito de conceder a graça ou isentar um culpado da pena aplicada pela lei e pronunciada pelo juiz, não pertence senão a quem está acima do juiz e da lei, a saber, o soberano. Também nisso seu direito não está muito claro, e as ocasiões para exercê-lo são muito raras. Em um Estado bem governado, há poucas punições, não porque se conceda muitas graças, mas porque há poucos criminosos: a grande quantidade de crimes assegura a impunidade à medida que o Estado declina. Sob a República romana jamais o Senado e os cônsules tentaram conceder graça; nem o próprio povo a concedia, embora, algumas vezes, revogasse a própria sentença. Graças frequentes proclamam que os crimes não mais terão necessidade delas, e cada um vê a que isso conduz. Mas sinto que meu coração murmura e retenho minha pena; deixemos que o homem justo que nunca errou, e que jamais precisou ele próprio de graça, discuta essas questões.

Capítulo VI
Da lei

Por meio do pacto social demos existência e vida ao corpo político: trata-se agora de lhe dar movimento e vontade por meio da legislação. Pois o ato primitivo pelo qual esse corpo se forma e se une não determina ainda nada do que ele deve fazer para sua preservação.

O que está bem e conforme à ordem assim é pela natureza das coisas e independentemente das convenções humanas. Toda a justiça vem de Deus, somente ele é sua fonte, mas se nós soubéssemos recebê-la de tão alta fonte não teríamos necessidade nem de governo nem de leis. Sem dúvida, é uma justiça universal, que emana unicamente da razão; mas essa justiça para ser admitida entre nós deve ser recíproca. Por considerar de maneira humana as coisas, às quais falta sanção natural, as leis da justiça são vãs entre os homens; elas não trazem senão o bem para o mau e o mal para o justo, quando este as observa para com todos e ninguém as observa para com ele. Portanto, são necessárias convenções e leis para unir os direitos aos deveres, e aplicar a justiça ao seu objeto. Nesse estado de natureza, no qual tudo é comum, não devo nada àqueles aos quais nada prometi, nada reconheço como pertencente a outrem senão o que é inútil para mim. Não é esse o caso no estado civil, no qual todos os direitos são estabelecidos pela lei.

Mas, enfim, o que é uma lei? Desde que os homens se contentem em associar essa palavra a ideias metafísicas, continuarão a discutir sem serem compreendidos, e quando se tiver dito o que é uma lei da natureza não saberão mais o que é uma lei do Estado.

Já afirmei que não existe absolutamente vontade geral sobre um objeto particular. Com efeito, esse objeto particular encontra-se no Estado ou fora do Estado. Se está fora do Estado, uma vontade que lhe é estrangeira não é, de modo algum, geral em relação a ele; e, se esse objeto está no Estado, constitui parte dele. Então, forma-se entre o todo e sua parte uma relação que o torna dois seres separados, dos quais um é a parte e o outro é o todo menos essa parte. Mas o todo menos uma parte não é, de modo algum, o todo, e, à medida que essa relação subsiste, não há mais o todo, mas duas partes desiguais; daí segue-se que a vontade de uma não é, de modo algum, mais geral em relação à outra.

Mas quando todo o povo estatui para todo o povo, não considera senão a si mesmo, e, se ele forma uma relação, é do objeto inteiro de outro ponto de vista, sem nenhuma divisão do todo. Então a matéria que estatui é geral como a vontade que decreta. É a este ato que chamo lei.

Quando afirmo que o objeto das leis é sempre geral, entendo que a lei considera os sujeitos coletivamente e as ações de modo abstrato, e jamais um homem como indivíduo nem uma ação como particular. Assim, a lei pode muito bem estatuir que existirão privilégios, mas não pode conferi-los a ninguém; a lei pode criar diversas classes de cidadãos, atribuir, inclusive, as qualidades que darão direito a essas classes, mas não pode nomear tais e tais pessoas que serão admitidas nelas; pode estabelecer um governo real e uma sucessão hereditária, mas não pode eleger um rei nem nomear uma família real; em uma palavra, nenhuma função que se refira a um objeto individual pertence ao poder legislativo.

A partir desse ponto de vista, vemos imediatamente que não se deve mais perguntar a quem cabe fazer as leis, pois elas são atos da vontade geral; nem se o príncipe está acima da lei, pois é membro do Estado; nem se a lei pode ser injusta, pois nada é injusto em relação a si mesmo nem como somos livres e estamos sujeitos às leis, pois elas são apenas registros de nossa vontade.

Vemos também que a lei que reúne a universalidade da vontade e a do objeto, o que um homem, qualquer que seja, prescreve em sua própria autoridade não é, de modo algum, uma lei; qualquer coisa que o próprio soberano prescreva a respeito de um objeto particular não é uma lei, mas um decreto; nem é um ato de soberania, mas de magistratura.

Chamo, portanto, de República todo Estado regido por leis, sob qualquer forma de administração que possa ser; pois então somente o interesse público governa, e a coisa pública é alguma coisa. Todo governo legítimo é republicano:[10] explicarei mais adiante o que é governo.

As leis não são senão propriamente as condições da associação civil. O povo, se submetido às leis, deve ser o seu autor; apenas aos que se associam interessa determinar as condições da associação: mas de que forma as determinarão? Será de comum acordo, por uma inspiração súbita? O corpo político tem um órgão para expressar essas vontades? Quem lhe dará a prudência necessária para formar os atos e publicá-los antecipadamente, ou como os declarará no momento da necessidade? Como uma multidão cega que, frequentemente, não sabe o que quer, pois raramente sabe o que lhe é bom, executará por si mesma uma empresa tão grande, tão difícil quanto um sistema legislativo? Por si mesmo, o povo sempre quer o bem, mas por si mesmo nem sempre o vê. A vontade geral é sempre reta, mas o juízo que a guia nem sempre é esclarecido. É necessário fazer que veja os objetos tais como são, às vezes, tais como lhe devem parecer, mostrar-lhe o bom caminho que ela busca, protegê-la da sedução das vontades particulares, fazê-la observar os lugares e os tempos, equilibrar a atração das vantagens presentes e sensíveis contra o perigo dos males distantes e ocultos. Os particulares veem o bem que rejeitam; o público quer o bem que não vê. Todos necessitam da mesma forma de guias. Deve-se obrigar uns e outros a conformar suas vontades à sua razão; deve-se ensinar o outro a conhecer o que deseja. Então das luzes públicas resulta a união de entendimento e vontade no corpo social, e, a partir daí, a estrita cooperação das partes e, enfim, a maior força do todo. Disso resulta a necessidade de um legislador.

---

[10] Não entendo por essa palavra apenas uma aristocracia ou uma democracia, mas, em geral, todo governo guiado pela vontade geral, que é a lei. Para ser legítimo, não basta que o governo se confunda com o poder soberano, mas que seja seu ministro: portanto a monarquia por si mesma é uma república. Isso será esclarecido no próximo livro. (N. A.)

Capítulo VII
Do legislador

Para descobrir as regras de associação mais convenientes às nações, seria necessário possuir uma inteligência superior, que pudesse ver todas as paixões dos homens sem experimentar nenhuma delas, que não tivesse nenhuma relação com a nossa natureza e que a conhecesse a fundo, cuja felicidade fosse independente de nós e, no entanto, desejasse ocupar-se da nossa; enfim, que, no progresso dos tempos, dispusesse para si mesmo de uma glória distante, e pudesse trabalhar em uma época e divertir-se em outra.[11] Seriam necessários deuses para dar as leis aos homens.

O mesmo raciocínio que fazia Calígula em relação ao fato, Platão fazia em relação ao direito para definir o homem civil ou real que busca em sua obra sobre o homem de Estado, mas, se é verdade que um grande príncipe é um homem raro, o que será de um grande legislador? O primeiro tem somente de seguir o modelo que o outro deve propor. Este é o mecânico que inventa a máquina, aquele não é senão o trabalhador que a monta e faz funcionar. No nascimento das sociedades, afirma Montesquieu, são os líderes das repúblicas que estabelecem a instituição, e é então a instituição que molda os líderes das repúblicas.

Quem ousa oferecer instituições a uma nação deve sentir-se capaz de mudar, por assim dizer, a natureza humana, de transformar cada indivíduo que por si mesmo é um todo perfeito e independente em parte de um todo muito maior do qual esse indivíduo recebe, de algum modo, sua vida e seu ser; de alterar a constituição do homem para fortalecê-la; de substituir uma existência social e moral pela existência física e independente que todos nós recebemos da natureza. Em uma palavra, é necessário que ele prive o homem das forças

---

[11] Uma nação somente se torna célebre quando sua legislação começa a declinar. Ignoramos durante muitos séculos a instituição de Licurgo que proporcionou felicidade aos espartanos, antes que eles fossem conhecidos no restante da Grécia. (N. A.)

próprias para oferecer-lhe algumas que lhe são alheias e das quais não possa fazer uso sem o auxílio de outrem. Quanto mais estas forças naturais estão mortas e arruinadas, mais as adquiridas são grandiosas e duráveis, mais também a instituição é sólida e perfeita. De modo semelhante, quando cada cidadão não for nada nem puder fazer nada senão em combinação com todos os outros, e quando a força adquirida pelo todo for igual ou superior à soma das forças naturais de todos os indivíduos, poderemos dizer que a legislação está no ponto supremo de perfeição que pode alcançar.

O legislador é, sob todos os aspectos, um homem extraordinário no Estado. Se deve ser assim por seu gênio, não é menos por seu cargo. Não é nem magistratura nem soberania. Esse cargo, que constitui a República, não entra em absoluto na sua constituição. É uma função particular e superior que nada tem em comum com o império humano; pois se este que comanda os homens não deve controlar leis, quem controla as leis não deve mais comandar os homens; ao contrário, suas leis, ministras de suas paixões, não fariam senão frequentemente perpetuar suas injustiças, e jamais ele poderia evitar que interesses particulares corrompessem a santidade de sua obra.

Quando Licurgo deu leis à sua pátria, começou por abdicar da realeza. Era costume da maior parte das cidades gregas confiar aos estrangeiros o estabelecimento das leis. As repúblicas modernas da Itália imitam, muitas vezes, esse uso; a de Genebra também o fez com vantagem.[12] Roma, em sua época mais bela, viu renascer em seu seio todos os crimes da tirania, e se viu prestes a perecer para ter reunida sobre as mesmas cabeças a autoridade legislativa e o poder soberano.

---

[12] Os que não consideram Calvino senão como teólogo conhecem mal a extensão de seu gênio. A redação de nossos sábios éditos, na qual ele teve grande participação, deu-lhe tanto crédito quanto sua instituição. Qualquer revolução que o tempo possa trazer ao nosso culto, enquanto o amor à pátria e à liberdade não forem extintos entre nós, a memória desse grande homem jamais deixará de ser reverenciada. (N. A.)

No entanto, o próprio decenvirato não se apropriou jamais do direito de fazer passar alguma lei de sua própria autoridade. "Nada disso que propomos a vós", diziam ao povo, "pode passar em lei sem o vosso consentimento. Romanos, sede vós mesmos os autores das leis que devem fazer vossa felicidade".

Quem redige as leis não deve ter nenhum direito legislativo, e o próprio povo não pode, quando quiser, privar-se desse direito intransferível; pois, segundo o pacto fundamental, não há senão a vontade geral que obriga os indivíduos, e não se pode jamais ter certeza de que uma vontade particular seja conforme à vontade geral senão após tê-la submetido aos sufrágios livres do povo: já disse isto, mas não é inútil repetir.

Assim encontram-se, ao mesmo tempo, na obra da legislação, duas coisas que parecem incompatíveis: uma empresa que supera a força humana e, para executá-la, uma autoridade, que não é sem valor.

Outra dificuldade que merece atenção. Os sábios que querem falar sua linguagem ao vulgo, em lugar da dele, não serão compreendidos. Ora, há milhares de tipos de ideias que são impossíveis de serem traduzidas para a língua do povo. As visões muito gerais e os objetos muito afastados estão igualmente fora de seu alcance; cada indivíduo, não aprovando outro plano de governo que o que se refere a seu interesse particular, dificilmente percebe as vantagens que deve extrair das privações contínuas impostas pelas boas leis. Para que um povo nascente possa experimentar as saudáveis máximas da política e seguir as regras fundamentais da razão de Estado, seria necessário que o efeito pudesse tornar-se a causa, que o espírito social que deve ser obra da instituição presidisse à instituição mesma e que os homens fossem antes das leis o que devem tornar-se por meio delas. Assim, portanto, o legislador, não podendo empregar nem a força nem o raciocínio, deve recorrer a uma autoridade de outra ordem, que possa compelir sem violência e persuadir sem convencer.

Eis o que forçou em todas as épocas os pais das nações a recorrer à intervenção dos céus e honrar aos deuses por sua própria sabedoria, para que os povos, sujeitos às leis do

Estado, bem como às da natureza, e reconhecendo o mesmo poder na formação do homem e na da cidade, obedecessem com liberdade e suportassem docilmente o jugo da felicidade pública.

O legislador põe na boca dos imortais aquela sublime razão que se eleva acima do alcance dos homens vulgares para conduzir, por intermédio da autoridade divina, aqueles que não possam abalar-se com a prudência humana.[13] Mas não cabe a todos os homens fazer os deuses falarem, nem ser acreditado quando se anuncia como seu intérprete. A grandiosa alma do legislador é o verdadeiro milagre que deve demonstrar sua missão. Todo homem pode gravar tábuas de pedra, ou adquirir um oráculo ou fingir um comércio secreto com qualquer divindade, ou treinar um pássaro para falar-lhe à orelha, ou encontrar outros meios grosseiros para se impor ao povo. Aquele que está familiarizado com tais meios somente poderia reunir por acaso uma trupe de insensatos, mas jamais fundará um império e sua extravagante obra perecerá rapidamente com ele. Vãos prestígios constituem uma ligação passageira, não há senão a sabedoria para torná-la durável. A lei judaica sempre subsistente e a do filho de Ismael que há dez séculos rege metade do mundo anunciam ainda hoje os grandes homens que as ditaram; e enquanto a orgulhosa filosofia ou o espírito cego de partido não enxerga neles senão impostores felizes, o verdadeiro político admira em suas instituições esse grandioso e potente gênio que preside as instituições duráveis.

Não se deve, em absoluto, concluir a partir de tudo isso com Warburton que a política e a religião tiveram entre nós um objeto comum, mas que, na origem das nações, uma serve de instrumento à outra.

---

[13] "É verdade", afirma Maquiavel, "nunca houve em uma nação nenhum ordenador de leis extraordinárias que não recorresse a Deus, pois, de outro modo, não teriam sido aceitos; são muitas as vantagens reconhecidas pelo homem prudente, as quais não têm em si razão evidente para poder persuadir os outros". (*Discorsi sopra Tito Livio*, L. I, c. XI). (N. A.)

Capítulo VIII
Do povo

Como o arquiteto, antes de erguer um grande edifício, observa e examina o solo para ver se pode sustentar o peso, o sábio instituidor não começa redigindo as leis que são boas em si mesmas, mas examina antes se o povo ao qual elas se destinam é adequado para suportá-las. Por isso, Platão recusou-se a legislar para os arcadianos e os cireneus, sabendo que esses dois povos eram ricos e não podiam tolerar a igualdade: por isso, vê-se em Creta boas leis e homens maus, pois Minos não disciplinou senão um povo cheio de vícios.

Mil nações floresceram sobre a Terra que jamais teriam podido tolerar boas leis, e as mesmas que teriam podido não tiveram, em toda sua duração, senão um tempo extremamente curto para isso. Os povos, assim como os homens,[14] não são dóceis senão na juventude; ao envelhecer, tornam-se incorrigíveis; quando, uma vez, os costumes são estabelecidos e os preconceitos, enraizados, é uma empresa perigosa e vã querer reformá-los; o povo não pode nem mesmo tolerar que se toque em seus males para destruí-los, tal como os doentes estúpidos e covardes que estremecem à visão do remédio.

Mas assim como algumas doenças que confundem a cabeça dos homens e os privam da recordação do passado, algumas vezes encontramos na história dos Estados épocas violentas, nas quais as revoluções produzem sobre os povos o que certas crises produzem sobre os indivíduos, nas quais o horror do passado toma o lugar do esquecimento, e nas quais o Estado, inflamado por guerras civis, renasce por assim dizer das cinzas e retoma o vigor da juventude ao deixar os braços da morte. Tal foi Esparta no tempo de Licurgo. Tal foi Roma após os Tarquínios; e tais foram, entre nós, a Holanda e a Suíça após a expulsão dos tiranos.

Mas esses eventos são raros; são exceções cuja razão se encontra sempre na constituição particular do Estado excetuado.

---

[14] Edição de 1782: "A maior parte de nações, assim como de homens...". (N. A.)

Não podiam nem ocorrer duas vezes para o mesmo povo, pois este pode tornar-se livre, não sendo bárbaro, mas não pode mais quando os recursos civis estão esgotados. Então os distúrbios podem destruí-lo sem que as revoluções possam restabelecê-lo e, assim que seus grilhões são rompidos, ele cai em pedaços e deixa de existir. Doravante, é necessário um mestre e não mais um libertador. Povos livres, lembrai-vos desta máxima: "pode-se adquirir a liberdade; mas jamais recuperá-la".

Há para as nações, como para os homens, um tempo de maturidade que se deve esperar15 antes de submetê-los às leis; mas a maturidade de um povo nem sempre se dá a conhecer facilmente, e, se ela é antecipada, a obra fracassa. Tal povo é disciplinável ao nascer, tal outro não o é ao fim de dez séculos. Os russos não serão jamais verdadeiramente governados, pois já o foram demais. Pedro tinha o gênio imitativo; não tinha o verdadeiro gênio, que cria e faz tudo a partir do nada. Algumas das coisas que fez foram benéficas, mas a maioria foi inoportuna. Ele percebeu que seu povo era bárbaro, mas não percebeu que não estava amadurecido para o governo; quis civilizá-lo quando era necessário somente discipliná-lo. Desejou produzir, ao mesmo tempo, alemães ou ingleses, quando deveria começar por fazê-los russos; impediu seus súditos de se tornarem o que poderiam ser, ao persuadi-los de que eram o que não são. É assim que um preceptor francês treina seu discípulo para brilhar por um momento em sua infância e então para ser para sempre um nada. O Império da Rússia quererá subjugar a Europa e será ele mesmo subjugado. Os tártaros, seus súditos ou seus vizinhos, se tornarão seus mestres e nossos. Essa revolução me parece infalível. Todos os reis da Europa trabalham em concerto para acelerá-la.

---

[15] Edição de 1782: "A juventude não é a infância. Há para as nações, bem como para os homens, uma época de juventude, ou, se quisermos, de maturidade que se deve esperar...". (N. A.)

Capítulo IX
Continuação

Como a natureza deu limites à estatura de um homem bem formado, fora dos quais ela não faz senão gigantes ou anões, da mesma forma, em relação à melhor constituição de um Estado, há limites para a extensão que pode ter, a fim de que não seja nem muito grande, para poder ser bem governado, nem demasiado pequeno, para poder manter-se por si mesmo. Em todo corpo político, há um máximo de força que não poderia ser excedido, e do qual frequentemente se afasta à força de crescer. Quanto mais o vínculo social se amplia, mais se afrouxa, e em geral um pequeno Estado é proporcionalmente mais forte que um grande.

Mil razões demonstram a verdade dessa máxima. Primeiro, a administração torna-se mais difícil nas grandes distâncias, como um peso se torna maior no extremo de uma alavanca mais comprida. Ela se torna também mais onerosa à medida que as partes se multiplicam; pois cada cidade tem, primeiro, sua própria administração, pela qual o povo paga, cada distrito tem sua própria administração, ainda paga pelo povo; então, cada província, e os grandes governos, as satrapias, os vice-reinos que se deve pagar sempre mais à medida que ascendemos, e sempre à custa do povo miserável; enfim, vem a adminsitração suprema que esmaga tudo. Tantas sobrecargas esgotam continuamente os súditos; longe de serem mais bem governados por essas diferentes ordens, são menos bem governados que se tivessem somente uma única ordem acima deles. No entanto, dificilmente restam recursos para os casos extraordinários, e quando é necessário recorrer a eles o Estado está sempre à beira de sua ruína.

Isso não é tudo; não apenas o governo tem menos vigor e celeridade para fazer observar as leis, impedir as humilhações, corrigir os abusos, prevenir os esquemas sediciosos que podem ser conduzidos em locais afastados; mas o povo tem menos afeição por seus líderes, aos quais jamais vê, pela pátria que, a seus olhos, é como o mundo, e por seus concidadãos, cuja maioria lhe é estranha. As mesmas leis não podem ser adequadas a tantas províncias diversas com costumes diferentes, que vivem sob climas opostos, e que não podem tolerar a mesma forma de governo. Leis diferentes não engendram senão distúrbio e confusão entre os povos que, vivendo sob os mesmos líderes e em comunicação contínua, misturam-se ou se casam uns com os outros e, submetidos a outros costumes, não sabem jamais se seu patrimônio é verdadeiramente seu. Os talentos são ocultos, as virtudes, ignoradas, os vícios ficam impunes, nessa multidão de homens desconhecidos uns dos outros, os quais o trono da administração suprema reúne em um mesmo local. Os líderes, ocupados com os próprios negócios, não veem nada por si mesmos, os funcionários governam o Estado. Enfim, as medidas que se deve tomar para manter a autoridade geral, à qual tantas autoridades a distância desejam subtrair-se ou se impor, absorvem toda a atenção pública; não resta mais atenção para a felicidade do povo, e dificilmente resta alguma para sua defesa em tempos de necessidade, e é assim que um corpo grande demais para sua constituição se prostra e perece, esmagado sob o próprio peso.

De outro lado, o Estado deve dar-se certa base para ter solidez, para resistir aos choques que ele não deixará de experimentar e aos esforços que será obrigado a fazer para se sustentar: pois todas as pessoas têm uma espécie de força centrífuga pela qual agem continuamente umas contra as outras e tendem a aumentar de tamanho à custa de seus vizinhos, como os turbilhões de Descartes. Assim os fracos correm o risco de ser imediatamente engolidos, e ninguém pode preservar-se senão se pondo em uma espécie de equilíbrio com todos, que torna a compressão praticamente igual em toda parte.

Vê-se assim que existem razões para se ampliar e razões para se contrair, e esse não é o menor talento do político para encontrar, entre uma e outra, a proporção mais vantajosa para a conservação do Estado. Pode-se dizer, em geral, que as primeiras, não sendo senão exteriores e relativas, devem ser subordinadas às segundas, que são internas e absolutas; uma constituição sã e forte é a primeira coisa que se deve buscar, e se deve contar mais com o vigor que nasce de um bom governo que com os recursos que oferece um grande território.

No entanto, vimos Estados constituídos de tal forma que a necessidade das conquistas entrava em sua própria constituição, e que, para se manter, eram forçados a aumentar de tamanho sem cessar. Talvez se alegrassem muito por essa feliz necessidade, que lhes revelava, no entanto, como termo de sua grandeza, o momento inevitável da queda.

Capítulo X
Continuação

Pode-se medir um corpo político de duas maneiras; a saber, pela extensão do território e pelo número de pessoas, e há, em uma e outra dessas medidas, uma relação apropriada para proporcionar ao Estado sua verdadeira grandeza. São os homens que constituem o Estado, e é o solo que alimenta os homens; a relação é, portanto, que a terra deve ser suficiente para a manutenção de seus habitantes, e que haja tantos habitantes quanto a terra pode alimentar. É nessa proporção que se encontra o máximo de força de um número dado de pessoas; pois, se há demasiada terra, seu cuidado é oneroso, a cultura, insuficiente, o produto, supérfluo; é a causa imediata das guerras defensivas; se não há terra suficiente, o Estado se encontra à mercê dos vizinhos para obter o complemento; é a causa imediata das guerras ofensivas. Toda nação que tem por posição apenas a alternativa entre o comércio ou a guerra é frágil em si mesma; depende de seus vizinhos, depende dos eventos; não tem jamais senão uma existência incerta e curta. Subjuga e muda de situação, ou é subjugada e aniquilada. Não pode manter-se livre senão à força de sua pequenez ou grandeza.

Não se pode calcular uma relação fixa entre a extensão de terra e o número de homens que se bastem um a outro; tanto em razão das diferenças que se encontram nas qualidades do terreno, em seus graus de fertilidade, na natureza de suas produções, na influência do clima, quanto nas que se observa nos temperamentos dos homens que os habitam, dos quais uns consomem pouco em um país fértil, outros, muito sobre um solo ingrato. Deve-se ainda ter em consideração a maior ou menor fertilidade das mulheres, o que o país pode ter de mais ou menos favorável à população, à quantidade que o legislador pode esperar reunir por meio de suas instituições; de modo que não deve fundar seu juízo sobre o que vê, mas sobre o que prevê, nem se deter no tamanho atual da população, mas no tamanho ao qual ela deve naturalmente chegar. Enfim, há mil ocasiões nas quais os acidentes particulares do local exigem ou permitem que se inclua mais território que o que parece necessário. Assim, os homens se espalharão muito em uma região montanhosa, na qual as produções naturais, a saber, as florestas, as pastagens, exigem menos trabalho, na qual a experiência ensina que as mulheres são mais férteis que nas planícies, e onde um grande solo inclinado não oferece senão uma pequena base horizontal, a única que se deve considerar para a vegetação. Ao contrário, pode-se ocupar um pequeno espaço à beira-mar, mesmo nos rochedos e nas areias quase estéreis; pois a pesca pode, em grande parte, suprir as produções da terra, pois os homens devem estar mais concentrados para repelir os piratas, e porque, além disso, é mais fácil para livrar o país, por meio das colônias, dos habitantes dos quais está sobrecarregado.

A essas condições, para instituir um povo, deve-se acrescentar uma que não pode suprir nenhuma outra, mas sem a qual elas são totalmente inúteis; é que se desfrute de abundância e de paz; pois o tempo no qual funda um Estado é, como aquele no qual se forma um batalhão, o instante no qual o corpo é menos capaz de resistência e mais fácil de ser destruído. A resistência será mais fácil em uma desordem absoluta que em um momento de fermentação, no qual cada um se ocupa da própria posição e não do perigo. Se a guerra, a fome, a revolta sobrevierem nesse tempo de crise, o Estado cai de maneira infalível.

Não se trata de não haver muitos governos estabelecidos durante essas tempestades; mas então são os próprios governos que destroem o Estado. Os usurpadores sempre criam ou escolhem essas épocas de distúrbios para fazer aprovar, encobertos pela agitação pública, leis destrutivas que o povo jamais adotaria com o sangue frio. A escolha do momento para a instituição é um dos caracteres mais seguros pelos quais se pode distinguir a obra do legislador da do tirano.

Que povo então é apropriado à legislação? Aquele que, encontrando-se já ligado por alguma união de origem, interesse ou convenção, não suportou ainda o verdadeiro jugo das leis; aquele que não tem costumes nem superstições bem enraizados; aquele que não teme ser oprimido por uma invasão súbita, que, sem entrar nas querelas de seus vizinhos, pode resistir sozinho a cada um deles, ou auxiliar um povo para repelir o outro; aquele do qual cada membro pode ser conhecido de todos, e no qual não se é em absoluto forçado a impor a um homem um fardo maior que esse homem possa suportar; aquele que pode passar sem outros povos e sem o qual todas as outras nações podem passar;[16] aquele que não é rico nem pobre e pode bastar-se a si mesmo; enfim, aquele que reúne a consistência de um povo antigo com a docilidade de um povo jovem. O que torna árdua a obra da legislação é menos o que deve estabelecer que o que deve destruir; e o que torna o sucesso tão raro é a impossibilidade de encontrar a simplicidade da natureza junto às necessidades da sociedade. Todas essas condições, é verdade, se encontram dificilmente combinadas. Também são vistos poucos Estados bem constituídos.

---

[16] Se de duas nações vizinhas uma não pudesse sobreviver sem a outra, isso seria uma situação extremamente dura para a primeira e muito perigosa para a segunda. Toda nação sábia, em caso semelhante, se esforçará muito rapidamente para livrar a outra dessa dependência. A república de Thlascala, um enclave no império do México, preferia ficar sem sal a comprar dos mexicanos ou mesmo aceitá-lo gratuitamente. Os sábios de Thlascala viram a armadilha oculta sob essa liberalidade. Eles se conservaram livres, e esse pequeno Estado, encerrado no grande império, foi enfim o instrumento de sua ruína. (N. A.)

Ainda há na Europa um país capaz de legislação: é a ilha de Córsega. O valor e a constância com os quais este bravo povo soube recuperar e defender sua liberdade mereceria muito bem que qualquer homem sábio o ensinasse a conservá-la. Tenho um pressentimento de que um dia essa pequena ilha surpreenderá a Europa.

Capítulo XI
Dos diversos sistemas legislativos

Se buscarmos em que consiste precisamente o maior bem de todos, que deve ser o fim de todo sistema legislativo, descobriremos que se reduz a estes dois objetos principais: a liberdade e a igualdade. A liberdade, pois toda dependência particular é o mesmo que a força retirada do corpo do Estado; a igualdade, pois a liberdade não pode subsistir sem ela.

Eu já afirmei o que é a liberdade civil; em comparação com a igualdade, não se deve entender com essa palavra que os graus de potência e de riqueza sejam absolutamente os mesmos, mas que, quanto à potência, ela esteja abaixo de toda violência e não seja exercida jamais senão em virtude da posição e das leis, e, quanto à riqueza, que nenhum cidadão seja tão opulento para poder comprar outro e nenhum tão pobre para ser obrigado a se vender. O que pressupõe, da parte dos grandes, moderação dos bens e de crédito e, da parte dos pequenos, moderação da avareza e de cobiça.[17]

Essa igualdade, afirmam, é uma quimera de especulação que não pode existir na prática. Mas, se o abuso é inevitável, segue-se que não seja desnecessário, ao menos, regulá-lo? É justamente porque a força das coisas tende sempre a destruir

---

[17] Se querem, portanto, dar consistência ao Estado, basta aproximar os graus extremos o máximo que for possível: não tolerar nem as pessoas opulentas nem os pedintes. Esses dois estados, naturalmente inseparáveis, são igualmente funestos para o bem comum; de um saem os tiranos e, do outro, os defensores dos tiranos; é sempre entre eles que se faz o tráfico da liberdade pública: um adquire e o outro vende. (N. A.)

a igualdade que a força da legislação deve sempre tender a mantê-la.

Mas esses objetos gerais de toda boa instituição devem ser modificados em cada país pelas relações que nascem tanto da situação local quanto do caráter dos habitantes, e é sobre essas relações que se deve atribuir a cada povo um sistema particular de instituição que seja o melhor, não, talvez, em si mesmo, mas para o Estado ao qual ele se destina. Por exemplo, se o solo é ingrato ou estéril, ou o pais muito confinado para os habitantes, basta voltar a atenção para a indústria e as artes, e mudar as produções para as provisões de que há carência. Ao contrário, se são ocupadas planícies ricas e declives férteis, se em uma boa terra há carência de habitantes, é preciso dedicar os cuidados à agricultura que multiplica os homens, e expulsar as artes que farão apenas terminar de despovoar o país, ao reunir sobre alguns pontos do território os poucos habitantes que tem.[18] E se se ocupam as costas extensas e cômodas, que se cubra o mar de embarcações, e sejam cultivados o comércio e a navegação; será uma existência brilhante e curta. O mar não banha vossa costa senão nos rochedos quase inacessíveis? Que se permaneça como bárbaros comedores de peixes; a vida será mais tranquila, melhor, talvez, e certamente mais feliz. Em uma palavra, além das máximas comuns a todos, cada povo encerra em si alguma causa que o influencia de um modo particular e torna sua legislação adequada somente a ele. É por isso que antigamente os hebreus e recentemente os árabes tiveram por objeto principal a religião; os atenienses, as letras; Cartago e Tiro, o comércio; Rodes, a marinha; Esparta, a guerra, e Roma, a virtude. O autor de *O espírito das leis* demonstrou com um grande número de exemplos em que arte o legislador dirige a instituição para cada um desses objetos.

---

[18] Qualquer ramo de comércio exterior, afirma o M(arquês) d'A(rgenson), não difunde senão uma falsa utilidade para um reino em geral; ela pode enriquecer alguns particulares e mesmo algumas cidades, mas a nação inteira nada ganha, e o povo não está melhor. (N. A.)

O que torna a constituição de um Estado verdadeiramente sólida e durável é a observância da adequação de tal modo que as relações naturais e as leis coincidam sempre sobre os mesmos pontos, e as últimas somente sirvam, por assim dizer, para garantir, acompanhar, retificar as primeiras. Mas, se o legislador, enganando-se em seu objeto, toma um princípio diferente do que nasce da natureza das coisas, toma que um tende à servidão e o outro, à liberdade, um às riquezas, o outro, à população, um à paz, o outro, às conquistas, veremos as leis enfraquecendo insensivelmente, a constituição se alterando, e o Estado não cessará de ser agitado até que seja destruído ou transformado, e a natureza invencível retome seu império.

Capítulo XII
Divisão das leis

Para ordenar o todo, ou dar a melhor forma possível à coisa pública, diversas relações devem ser consideradas. Primeiro, a ação do corpo inteiro agindo sobre si mesmo, a saber, a relação do todo com o todo, ou do soberano com o Estado, e essa relação é composta dos termos intermediários, como veremos a seguir.

As leis que regulam essa relação têm o nome de leis políticas e também são chamadas leis fundamentais, não sem alguma razão, se essas leis forem sábias. Pois, se não há em cada Estado senão uma boa maneira de regulá-lo, o povo que a encontrou deve aderir a ela: mas, se a ordem estabelecida é ruim, por que serão consideradas fundamentais as leis que o impedem de ser bom? Além disso, em todo caso, um povo é sempre livre para modificar suas leis, mesmo as melhores; pois, se lhe agrada causar mal a si mesmo, quem tem o direito de impedi-lo?

A segunda relação é a dos membros entre si ou com o corpo inteiro, e essa relação deve ser, à primeira vista, tão pequena e, à segunda vista, tão grande quanto possível: de modo que cada cidadão esteja em uma independência perfeita de todos os outros, e em uma excessiva independência da

Cidade; o que se faz sempre pelos mesmos meios; pois não há senão a força do Estado que garanta a liberdade de seus membros. É dessa segunda relação que nascem as leis civis.

Pode-se considerar um terceiro tipo de relação entre o homem e a lei, a saber, a da desobediência passível de punição, e esta dá lugar ao estabelecimento das leis criminais, que, no fundo, são menos uma espécie particular de leis que a sanção de todas as outras.

A esses três tipos de leis, acrescenta-se um quarto, o mais importante de todos; que não se grave nem sobre o mármore nem sobre o bronze, mas no coração dos cidadãos; que faz a verdadeira constituição do Estado; que adquire todos os dias novas forças; que, quando as outras leis se tornam obsoletas ou se extinguem, anima-as ou as reforça, conserva um povo no espírito de sua instituição e substitui imperceptivelmente a força do hábito pela da autoridade. Falo dos hábitos, dos costumes e, sobretudo, da opinião, província desconhecida de nossos políticos, mas da qual depende o sucesso de todas as outras: província da qual o grande legislador se ocupa em segredo, enquanto parece limitar-se a regulamentos particulares que não são mais que os lados do arco, cujos costumes e hábitos, mais lentos a se desenvolver, formam enfim a chave inquebrantável.

Entre as diversas classes, as leis políticas, que constituem a forma do governo, são as únicas relativas ao meu tema.

Fim do livro segundo

Livro terceiro

Antes de falar das diversas formas de governo, tratemos de determinar o sentido preciso dessa palavra, que ainda não foi bem explicado.

Capítulo I
Do governo em geral

Aviso o leitor que este capítulo deve ser lido cuidadosamente, e que não conheço a arte de ser claro para quem não deseja ser atento.

Toda ação livre tem duas causas que concorrem para sua produção: uma moral, a saber, a vontade que determina o ato, outra física, a saber, a potência que a executa. Quando caminho na direção de um objeto, em primeiro lugar, devo desejar caminhar até ele; em segundo lugar, meus pés devem sustentar-me. Se um paralítico quiser correr, e um homem ágil, não, os dois ficarão no mesmo lugar. O corpo político tem os mesmos móveis; distingue-se a força e a vontade, esta, sob o nome de poder legislativo, a outra, sob o nome de poder executivo. Nada é feito ou deve ser feito sem o concurso delas.

Vimos que o poder legislativo pertence ao povo, e não pode pertencer senão a ele. Por outro lado, pelos princípios estabelecidos anteriormente, o poder executivo não pode pertencer à generalidade como legislador ou soberano; pois este poder não consiste senão em atos particulares que não estão em absoluto no âmbito da lei, nem consequentemente no do soberano, cujos atos não podem ser senão leis.

Portanto, é necessário à força pública um agente próprio que a reúna e execute segundo as direções da vontade geral, que sirva à comunicação do Estado e do soberano, que faça, de qualquer forma, na pessoa pública, o que faz no homem a união de alma e corpo. Eis que é, no Estado, a razão do governo, confundida inadequadamente com o soberano, do qual ele não é senão o ministro.

O que é então o governo? Um corpo intermediário estabelecido entre os súditos e o soberano para a mútua correspondência, responsável pela execução das leis e manutenção da liberdade civil e política.

Os membros desse corpo se chamam magistrados ou reis, isto é, governantes, e todo o corpo porta o nome de *príncipe*.[19] Assim, os que pretendem que o ato pelo qual um povo se submete aos chefes não é, em absoluto, um contrato têm razão. Não é, em absoluto, senão uma comissão, um emprego no qual, enquanto simples autoridades do soberano, eles exercem em seu nome o poder do qual ele os fez depositários e que pode limitar, modificar e retomar quando lhe aprouver, sendo a alienação de tal direito incompatível com a natureza do corpo social e contrária à finalidade da associação.

Portanto, chamo governo ou administração suprema o exercício legítimo do poder executivo, e príncipe ou magistrado o homem ou o corpo encarregado dessa administração.

É no governo que se encontram as forças intermediárias, cujas relações compõem a relação do todo com o todo ou do soberano com o Estado. Pode-se representar esta última relação pela dos extremos de uma proporção contínua, cuja média proporcional é o governo. O governo recebe do soberano as ordens que dá ao povo, e para que o Estado esteja em um bom equilíbrio é necessário, uma vez que tudo esteja equilibrado, que haja igualdade entre o produto ou o poder do governo, tomado em si mesmo, e o produto ou o poder dos cidadãos, que são soberanos, por um lado, e súditos, por outro.

Além disso, não se poderia alterar nenhum dos três termos sem romper imediatamente a proporção. Se o soberano quer governar, ou se o magistrado deseja fazer as leis, ou se os súditos se recusam a obedecer, a desordem sucede à regra, a força e a vontade não agem mais em concerto, e o Estado dissolvido recai, dessa forma, no despotismo ou na anarquia.

---

[19] É por essa razão que, em Veneza, dão ao colégio o nome de Sereníssimo Príncipe, mesmo quando o Doge não o frequenta. (N. A.)

Enfim, como não há senão uma média proporcional entre cada relação, não há tampouco um bom governo possível em um Estado. Mas, como mil eventos podem modificar as relações de um povo, não somente diferentes governos podem ser bons para diversos povos, mas para o mesmo povo em tempos distintos.

Na tentativa de oferecer uma ideia das diversas relações que podem reinar entre esses dois extremos, eu tomaria como exemplo o número de pessoas, como uma relação mais fácil de exprimir.

Suponhamos que o Estado seja composto por dez mil cidadãos. O soberano não pode ser considerado senão coletivamente e como um corpo. Mas cada particular, na qualidade de súdito, é considerado como indivíduo. Assim, o soberano está para o súdito como dez mil para um. Isso significa que cada membro do Estado tem como sua parte somente a décima milésima parte da autoridade soberana, embora a ela esteja inteiramente submetido.

Mesmo que o povo consista em cem mil homens, a condição dos súditos não se modifica, e cada um submete-se igualmente a todo o império das leis, à medida que seu sufrágio, reduzido à centésima milésima parte, tem dez vezes menos influência em sua redação.

Então o súdito restando sempre um, a relação do soberano aumenta em razão do número de cidadãos. Disso resulta que, quanto mais o Estado cresce, mais a liberdade diminui.

Quando digo que a proporção aumenta, entendo que se afasta da igualdade. Assim, quanto maior é a proporção na acepção dos geômetras, menos há proporção na acepção comum; na primeira a proporção considerada segundo a quantidade se mede pelo quociente, e, na outra, considerada segundo a identidade, se estima pela semelhança.

Ora, quanto menos as vontades particulares se referem à vontade geral, a saber, os costumes às leis, mais a força repressora deve aumentar. Portanto, o governo, para ser bom, deve ser relativamente mais forte à medida que o povo é mais numeroso.

De outro lado, o crescimento do Estado dando aos depositários da autoridade pública maior quantidade de tentações e meios de abusar de seu poder, mais o governo deve ter força para conter o povo; mais o soberano deve tê-la, por sua vez, para conter o governo. Não me refiro aqui a uma força absoluta, mas à força relativa das diversas partes do Estado.

Segue-se dessa dupla relação que a proporção contínua entre o soberano, o príncipe e o povo não é, em absoluto, uma ideia arbitrária, mas uma consequência necessária da natureza do corpo político. Segue-se também que um dos extremos, a saber, o povo enquanto súdito, sendo fixo e representado pela unidade, todas as vezes que a razão dobrada aumenta ou diminui, a razão simples aumenta ou diminui de forma semelhante e, consequentemente, o meio-termo é modificado. Isto mostra que não há uma constituição de governo único e absoluto, mas que pode haver tantos governos diferentes em natureza quanto Estados diferentes em grandeza.

Se, levando esse sistema ao extremo, afirma-se que, para encontrar essa média proporcional e formar o corpo do governo, não se deve, segundo o que digo, senão tirar a raiz quadrada do número de pessoas, eu responderia que não tomo aqui esse número senão como exemplo, e que as proporções de que falo não se medem apenas pelo número de indivíduos, mas em geral pela quantidade de ação, a qual se combina pelas multitudes de causas, e que, de resto, se, para me exprimir em poucas palavras, tomo de empréstimo por um instante os termos da geometria, não ignoro, porém, que a precisão geométrica não tem lugar em absoluto nas quantidades morais.

O governo é em pequena escala o que o corpo político que o envolve é em grande escala. É uma pessoa moral dotada de certas faculdades, ativa como o soberano, passiva como o Estado, e que pode decompor-se em outras relações semelhantes, das quais nasce consequentemente uma nova proporção, uma outra ainda segundo a ordem dos tribunais, até se chegar a um meio-termo indivisível, isto é, a um único chefe ou magistrado supremo, que pode ser representado no centro dessa progressão, como a unidade entre a série de frações e de números.

Sem nos embaraçarmos com essa multiplicação dos termos, contentemo-nos em considerar o governo como um novo corpo no Estado, distinto do povo e do soberano, e intermediário entre um e outro.

Existe essa diferença essencial entre dois corpos, pois o Estado existe por si mesmo, e o governo não existe senão pelo soberano. Assim a vontade dominante do príncipe não é ou não deve ser senão a vontade geral ou a lei, sua força não é senão a força pública concentrada nele; desde que ele queira realizar por si mesmo qualquer ato absoluto e independente, a ligação de tudo começa a se afrouxar. Se enfim o príncipe tivesse uma vontade particular mais ativa que a do soberano, e a usasse para obedecer a essa vontade particular da força pública que está em suas mãos, de sorte que se tivesse, por assim dizer, dois soberanos, um de direito e outro de fato, imediatamente a união social desapareceria, e o corpo político seria dissolvido.

Entretanto, para que o corpo do governo tenha uma existência, uma vida real que o distinga do corpo do Estado, para que todos os seus membros possam agir em concerto e responder à finalidade para a qual ele é constituído, é necessário um eu particular, uma sensibilidade comum a seus membros, uma força, uma vontade própria que tende à sua conservação. Essa existência particular pressupõe as assembleias, conselhos, um poder de deliberar, de solucionar, direitos, títulos, privilégios que pertencem exclusivamente ao príncipe, e que tornam a condição do magistrado mais honrosa à medida que é mais difícil. As dificuldades estão na maneira de ordenar no todo o todo subalterno, de modo que não enfraqueça, em absoluto, a constituição geral ao fortalecer a sua, que ele distinga sempre sua força particular, destinada à própria conservação da força pública, destinada à conservação do Estado, e que, em uma palavra, esteja sempre pronto para sacrificar o governo ao povo e não o povo ao governo.

Além disso, embora o corpo artificial do governo seja obra de um outro corpo artificial e não tenha, de qualquer forma, senão uma via tomada de empréstimo e subordinada, isso não impede que possa agir com mais ou menos vigor ou celeridade, usufruir, por assim dizer, de uma saúde mais ou menos robusta. Enfim, sem se afastar diretamente do fim de sua instituição, possa mais ou menos se desviar, segundo a maneira como está constituído.

De todas essas diferenças nascem as relações diversas que o governo deve ter com o corpo do Estado, segundo as relações acidentais e particulares por meio das quais esse mesmo Estado se modifica. Pois frequentemente o melhor governo em si tornar-se-á o mais vicioso, se suas relações não forem modificadas de acordo com os defeitos do corpo político ao qual ele pertence.

Capítulo II
Do princípio que constitui as diversas formas de governo

Para expor a causa geral dessas diferenças, deve-se distinguir aqui o príncipe e o governo, como distingui anteriormente o Estado e o soberano.

O corpo do magistrado pode ser composto por um número maior ou menor de membros. Dissemos que a relação do soberano com os súditos era tão grande quanto o povo era mais numeroso e por uma analogia evidente podemos dizer o mesmo do governo em relação aos magistrados.

Ora, a força total do governo, sendo sempre a do Estado, não varia em absoluto: é por essa razão que quanto mais ele usa essa força sobre os próprios membros, menos lhe resta dela para agir sobre todo o povo.

Portanto, quanto mais numerosos são os magistrados, mais fraco é o governo. Como essa máxima é fundamental, apliquemo-nos a esclarecê-la.

Podemos distinguir na pessoa do magistrado três vontades essencialmente diferentes. Primeiro, a vontade própria do indivíduo, que tende somente à sua vantagem particular; segundo, a vontade comum dos magistrados, que se refere unicamente à vantagem do príncipe, e que se pode chamar vontade de corpo, a qual é geral em relação ao governo e particular em relação ao Estado, do qual o governo faz parte; em terceiro lugar, a vontade do povo ou a vontade soberana, a qual é geral, tanto em relação ao Estado considerado como o todo quanto em relação ao governo considerado como parte do todo.

Em uma legislação perfeita, a vontade particular ou individual deve ser nula, a vontade de corpo próprio muito subordinada ao governo, e, por consequência, a vontade geral ou soberana deve ser sempre dominante e a regra única de todas as outras.

Segundo a ordem natural, ao contrário, essas diferentes vontades tornam-se mais ativas à medida que se concentram. Assim, a vontade geral é sempre a mais frágil, a vontade de corpo ocupa o segundo lugar, e a vontade particular, a primeira de todas: de modo que, no governo, cada membro é, em primeiro lugar, ele mesmo, em seguida, magistrado e, finalmente, cidadão. Gradação diretamente oposta à que exige a ordem social.

Isso posto, que todo o governo esteja nas mãos de um único homem. Portanto, que a vontade particular e a vontade de corpo estejam perfeitamente reunidas e, consequentemente, esta no mais alto grau de intensidade que possa ter. Ora, como é do grau da vontade que depende o uso da força, e a força absoluta do governo não varia, segue-se que o mais ativo dos governos é o de um só.

Ao contrário, unamos o governo à autoridade legislativa; façamos do soberano o príncipe, e de todos os cidadãos magistrados. Então a vontade de corpo, confundida com a vontade geral, não tem mais atividade que ela, e deixará a vontade particular em toda a sua força. Assim, o governo, sempre com a mesma força absoluta, estará em seu mínimo de força relativa ou de atividade.

Essas relações são incontestáveis, e outras considerações servem também para confirmá-las. Vê-se, por exemplo, que cada magistrado é mais ativo em seu corpo que cada cidadão no seu e que, em consequência, a vontade particular tem muito mais influência nos atos do governo que nos do soberano; pois cada magistrado é quase sempre encarregado de alguma função do governo, enquanto cada cidadão, tomado separadamente, não tem nenhuma função da soberania. Além disso, quanto mais o Estado se amplia, mais sua força real aumenta, embora não aumente em razão de seu território: mas o Estado permanecendo o mesmo, é inútil que os magistrados se multipliquem, o governo não adquire maior força real, pois essa força é a do Estado, cuja medida é sempre igual. Assim, a força relativa ou a atividade do governo diminui, sem que sua força absoluta ou real possa aumentar.

É certo também que a expedição dos negócios torna-se mais lenta à medida que mais pessoas se encarregam dela, que ao depositar tanta importância à prudência não se dá lugar à fortuna, que se deixa escapar a ocasião, e que, à força de deliberar, perde-se frequentemente o fruto da deliberação.

Acabo de mostrar que o governo se enfraquece à medida que os magistrados se multiplicam, e antes demonstrei que, quanto mais numeroso é o povo, mais a força repressora deve aumentar. Disso resulta que a relação dos magistrados com o governo deve ser inversa à relação dos súditos com o soberano. A saber, quanto mais cresce o Estado, mais o governo deve confinar-se; de tal modo que o número de líderes diminui em razão do aumento do povo.

De resto, não falo aqui senão da força relativa do governo, e não de sua retidão. Pois, ao contrário, quanto mais o magistrado é numeroso, mas a vontade de corpo se aproxima da vontade geral, considerando que, sob um magistrado único, essa mesma vontade de corpo não é, como afirmei, senão uma vontade particular. Desse modo, perde-se de um lado o que se pode ganhar do outro, e a arte do legislador é saber fixar o ponto no qual a força e a vontade do governo, sempre em proporção recíproca, se combinam na relação mais vantajosa para o Estado.

Capítulo III
Divisão dos governos

Vimos no capítulo anterior por que distinguimos diversas espécies ou formas de governo pelo número dos membros que as compõem; resta ver neste como se faz a divisão.

O soberano pode, em primeiro lugar, depositar a responsabilidade pelo governo em todo o povo ou na maior parte do povo, de modo que haja mais cidadãos magistrados do que cidadãos simples particulares. Damos a essa forma de governo o nome de democracia.

Ou pode confinar o governo às mãos de um pequeno número, de modo que haja mais cidadãos simples que magistrados, e essa forma recebe o nome de aristocracia.

Enfim, pode concentrar todo o governo nas mãos de um magistrado único do qual todos os outros derivam seu poder. Essa terceira forma é a mais comum e se denomina monarquia ou governo real.

Deve-se observar que todas essas formas, ou ao menos as duas primeiras, admitem graus, e têm mesmo um limite considerável; pois a democracia pode incluir todo o povo ou se limitar à metade. A aristocracia, por seu turno, pode confinar-se não à metade do povo, mas ao menor número indeterminadamente. A própria realeza é suscetível de sofrer essa divisão. Esparta sempre teve dois reis por sua constituição e vimos no Império romano até oito imperadores ao mesmo tempo sem que se pudesse afirmar que o império estava dividido. Assim, há um ponto no qual cada forma de governo se confunde com a seguinte, e vemos que sob três denominações apenas o governo é realmente suscetível de tantas formas quanto o Estado tem cidadãos.

Além disso, esse mesmo governo pode sob certos aspectos se subdividir em outras partes, uma administrada de um modo e outra, de outro, podendo resultar dessas três formas combinadas uma multidão de formas mistas, das quais cada uma é multiplicável por todas as formas simples.

Durante muito tempo foi discutido sobre a melhor forma de governo, sem considerar que cada uma é a melhor em certos casos e a pior em outros.

Se, nos diferentes Estados, o número de magistrados supremos deve estar na razão inversa do número de cidadãos, segue-se que, em geral, o governo democrático convém aos Estados pequenos, o aristocrático aos medianos e a monarquia aos grandes. Esta regra se extrai imediatamente do princípio; mas como contar a multidão de circunstâncias que podem oferecer as exceções?

Capítulo IV
Da democracia

Aquele que faz a lei sabe melhor que ninguém como ela deve ser executada e interpretada. Parece, portanto, que não se poderia ter melhor constituição que aquela na qual o poder executivo é unido ao legislativo. Mas é isso mesmo que torna o governo insuficiente em certos aspectos, pois as coisas que devem ser distinguidas não o são, e o príncipe e o soberano não sendo senão a mesma pessoa formam, por assim dizer, um governo sem governo.

Não é bom que quem faça as leis as execute nem que o corpo do povo desvie sua atenção das vistas gerais para concedê-la aos objetos particulares. Nada é mais perigoso que a influência dos interesses privados nos negócios públicos, e o abuso das leis pelo governo é um mal menor que a corrupção do legislador, consequência infalível das buscas particulares. Então, o Estado sendo alterado em sua substância, toda reforma se torna impossível. Um povo que não abusasse jamais do governo não abusaria de maneira alguma da independência; um povo que governasse sempre bem não teria necessidade de ser governado.

Em sentido estrito, jamais pôde existir democracia verdadeira, e jamais existirá. É contra a ordem natural que o grande número governe e o pequeno número seja governado. Não se pode imaginar que o povo permaneça incessantemente reunido para participar dos negócios públicos, e vemos facilmente que não se poderia estabelecer para isso comissões sem que a forma de administração se modifique.

Com efeito, creio poder estabelecer que, quando as funções do governo são divididas entre diversos tribunais, os menos numerosos adquirem cedo ou tarde a maior autoridade; ao menos por causa da facilidade de realizar os negócios naturalmente.

Além disso, quantas coisas difíceis de reunir esse governo pressupõe! Primeiro, um Estado extremamente pequeno no qual o povo seja fácil de reunir e cada cidadão possa facilmente conhecer todos os outros; em segundo lugar, uma grande simplicidade de costumes que evita a multiplicidade de negócios e debates espinhosos; em seguida, igualdade considerável nas classes e nas fortunas, sem o que a igualdade não poderia subsistir por muito tempo nos direitos e na autoridade; enfim, pouco ou nada de luxo; pois, ou o luxo é efeito das riquezas ou as torna necessárias; corrompe o rico e o pobre ao mesmo tempo — um, pela posse; ele vende a pátria à indolência, à vaidade; priva o Estado de todos os seus cidadãos para submetê-los uns aos outros, e todos à opinião.

Eis por que um autor célebre estabeleceu a virtude como princípio de uma república; pois todas essas condições não poderiam subsistir sem a virtude: mas, ao não fazer as distinções necessárias, a esse belo gênio faltou, muitas vezes, precisão, algumas vezes, clareza e não viu que, a autoridade soberana sendo em toda parte a mesma, o mesmo princípio deve ter lugar em todo Estado bem constituído, mais ou menos, é verdade, segundo a forma de governo.

Acrescentemos que não há governo tão sujeito às guerras civis e às agitações intestinas quanto o democrático ou popular, pois não há nenhum que tenda tão forte e continuamente a mudar de forma nem que demande mais vigilância e coragem para ser mantido na sua forma própria. É, sobretudo, nessa constituição que o cidadão deve armar-se de força e constância, e dizer, a cada dia de sua vida, no fundo de seu coração, isto que dizia um virtuoso Palatino[20] na Dieta da Polônia: *Malo periculosam libertatem quam quietum servitium.*[21]

Se houvesse um povo de deuses, ele se governaria democraticamente. Um governo tão perfeito não convém aos homens.

---

[20] Palatino da Posnânia, pai do rei da Polônia, duque de Lorena. (N. A.)

[21] "Prefiro a liberdade com perigo à paz com escravidão." (N. E.)

Capítulo V
Da aristocracia

Aqui temos dois personagens morais muito distintos, a saber, o governo e o soberano e, consequentemente, duas vontades gerais, uma em relação a todos os cidadãos, outra somente aos membros da administração. Dessa forma, embora o governo possa regulamentar sua política interna como lhe aprouver, não pode jamais falar ao povo senão em nome do soberano, a saber, em nome do próprio povo; o que não se deve jamais esquecer.

As primeiras sociedades se governam aristocraticamente. Os chefes das famílias deliberam entre si os negócios públicos. Os jovens cederam prontamente à autoridade da experiência. Daí os nomes de sacerdotes, anciãos, senado, gerontes. Os selvagens da América setentrional se governam ainda dessa forma atualmente, e são muito bem governados.

Porém, à medida que a desigualdade da instituição prevaleceu sobre a desigualdade natural, a riqueza ou a potência[22] foi preferida à idade, e a aristocracia tornou-se eletiva. Enfim, o poder transmitido com os bens do pai aos filhos tornando as famílias patrícias, tornou o governo hereditário, e se viu senadores com vinte anos.

São três, portanto, os tipos de aristocracia: natural, eletiva e hereditária. A primeira não convém senão às pessoas simples; a terceira é a pior de todos os governos. A segunda é a melhor: é a aristocracia propriamente dita.

Além da vantagem da distinção dos dois poderes, ela tem a da escolha de seus membros; pois no governo popular todos os cidadãos nascem magistrados, mas este os limita a um pequeno número, e eles passam a ser magistrados somente por meio de eleição;[23] sistema pelo qual a probidade, as luzes, a

---

[22] Está claro que a palavra *optimates* entre os antigos não quer dizer "os melhores", mas "os mais poderosos". (N. A.)

[23] É muito importante regulamentar por meio de leis a forma de eleição dos magistrados: pois, ao abandonar a vontade do príncipe, não se pode evitar recair na aristocracia hereditária, como ocorreu

experiência e todas as outras razões de preferência e estima públicas são novas garantias de que seremos sabiamente governados.

Além disso, as assembleias são feitas mais comodamente, os negócios são melhor discutidos, são expedidos com mais ordem e diligência, o crédito do Estado é mais bem mantido no estrangeiro por veneráveis senadores em vez de uma multidão desconhecida ou desprezada.

Em uma palavra, é a melhor e a mais natural ordem que os sábios governem a multidão, quando se tem certeza de que eles a governarão para proveito dela e não para o deles; não se deve, de modo algum, multiplicar em vão os recursos nem fazer com vinte mil homens o que cem homens escolhidos podem fazer melhor. Mas deve-se observar que o interesse de corpo começa a dirigir aqui a força pública — sobre a regra da vontade geral — e que outra tendência inevitável retira das leis uma parte do poder executivo.

Tendo em vista conveniências particulares, um Estado não deve ser tão pequeno nem um povo tão simples e tão reto que a execução das leis derive imediatamente da vontade pública, como em uma boa democracia. Nem uma nação deve ser tão grande que os líderes dispersos para governá-la possam instalar-se a si mesmos como soberanos, cada um em sua província, e começar a se tornar independentes para se tornarem, finalmente, senhores.

Mas se a aristocracia exige algumas virtudes a menos que o governo popular, exige também outras que lhe são próprias; como a moderação entre os ricos e o contentamento nos pobres, pois parece que uma igualdade rigorosa pareceria estar deslocada; ela não foi observada nem mesmo em Esparta.

De resto, se essa forma comporta certa desigualdade de fortuna é antes para que em geral a administração dos negócios públicos seja confiada àqueles que podem da melhor forma

---

com os republicanos de Veneza e Berna. Também a primeira é há muito um Estado decaído, mas a segunda se mantém pela extrema sabedoria de seu Senado; é uma exceção muito honrosa e muito perigosa. (N. A.)

dedicar a ela seu tempo, mas não, como supõe Aristóteles, para que os ricos sejam sempre preferidos. Ao contrário, é importante que uma escolha oposta ensine, algumas vezes, ao povo que há, no mérito dos homens, razões de preferência mais importantes que a riqueza.

Capítulo VI
Da monarquia

Até aqui consideramos o príncipe como um personagem moral e coletivo, unido pela força das leis, e depositário do poder executivo no Estado. Atualmente, temos de considerar essa potência reunida nas mãos de uma pessoa natural, de um homem real, que somente tem direito de dispor dela segundo as leis. É o que se chama um monarca, ou um rei.

Ao contrário das outras administrações, nas quais um ser coletivo representa um indivíduo, nesta, um indivíduo representa um ser coletivo; de modo que a unidade moral que constitui o príncipe é, ao mesmo tempo, uma unidade física, na qual todas as faculdades que a lei reuniu na outra com tanto esforço se encontram naturalmente reunidas.

Dessa forma, a vontade do povo, e a vontade do príncipe, e a força pública do Estado, e a força particular do governo, todas, respondem ao mesmo móvel, todas as partes da máquina estão na mesma mão, tudo caminha para o mesmo fim, não há, em absoluto, movimentos opostos que se neutralizem, e não se pode imaginar nenhum tipo de constituição na qual um menor esforço produza uma ação mais considerável. Arquimedes sentado tranquilamente na margem e manobrando sem dificuldade um grande navio representa para mim um monarca hábil governando, de seu gabinete, seus vastos Estados, e fazendo tudo se mover embora pareça imóvel.

Mas se não há, em absoluto, governo que tenha mais vigor, não há, em absoluto, um no qual a vontade particular tenha mais império e domine com mais facilidade os outros; tudo caminha para o mesmo fim, é verdade; mas esse fim não é senão a felicidade pública, e a força mesma da administração gira sem cessar em prejuízo do Estado.

Os reis querem ser absolutos, e de longe gritam para eles que o melhor meio de sê-lo é se fazer amar por seus povos. Essa máxima é muito bela, e mesmo muito verdadeira sob certos aspectos. Infelizmente, sempre será ridicularizada nas cortes. O poder que vem do amor dos povos é, sem dúvida, o maior; mas é precário e condicional, jamais os príncipes se contentaram com ele. Os melhores reis querem poder ser maus quando lhes aprouver, sem deixar de ser mestres: um pregador político terá de dizer-lhes que, a força do povo sendo a deles, seu maior interesse é que o povo esteja florescendo, seja numeroso, fabuloso: sabem muito bem que isto não é verdade. Seu interesse pessoal é, em primeiro lugar, que o povo seja frágil, miserável, e que não possa jamais opor-lhes resistência. Confesso que, supondo que seus súditos sejam sempre perfeitamente submissos, o interesse do príncipe será então que o povo fosse poderoso, para que esse poder, sendo o seu, o tornasse formidável perante os vizinhos; mas como esse interesse não é senão secundário e subordinado, e as duas suposições são incompatíveis, é natural que os príncipes deem sempre preferência à máxima que lhes é a mais imediatamente útil. Foi isso que Samuel representou fortemente para os hebreus; é o que Maquiavel deixa ver com evidência. Ao fingir dar lições aos reis, ele as deu grandes aos povos. *O príncipe*, de Maquiavel, é o livro dos republicanos.[24]

Nós descobrimos por meio de considerações gerais que a monarquia somente é conveniente aos grandes Estados, e o descobrimos também ao examiná-la em si mesma. Quanto mais a administração pública é numerosa, mais a relação do príncipe com os súditos diminui e se aproxima da igualdade,

---

[24] Maquiavel era um homem honesto e um bom cidadão: porém, ligado à casa dos Médicis, foi forçado durante a opressão de sua pátria a disfarçar o amor pela liberdade. A única escolha de seu execrável herói manifesta de maneira suficiente sua intenção secreta e a oposição das máximas de seu livro *O príncipe* às de seus *Discursos sobre Tito Lívio* e de sua *História de Florença,* demonstra que esta política profunda não teve, até agora, senão leitores superficiais e corrompidos. A corte de Roma defendeu severamente seu livro, creio; é ela que ele delineia mais claramente. (Edição de 1782). (N. A.)

de modo que essa proporção é de um para um ou a própria igualdade na democracia. Essa relação aumenta à medida que o governo se confina, e chega ao seu máximo quando o governo está nas mãos de um só. Então ele se encontra a uma distância extremamente grande entre o príncipe e o povo, e o Estado perde coesão. Para formá-la, necessita-se então de ordens intermediárias: são necessários os príncipes, os grandes e a nobreza para preenchê-las. Ora, nada disso convém a um pequeno Estado, o qual todos esses graus arruínam.

Mas, se é difícil que um grande Estado seja bem governado, é muito mais difícil que seja governado por um homem apenas, e todo o mundo sabe o que acontece quando o rei aponta substitutos.

Um defeito essencial e inevitável, que sempre deixará o governo monárquico abaixo do republicano, é que neste a voz pública não eleva quase nunca aos primeiros lugares senão homens esclarecidos e capazes, que os preenchem com honra: ao passo que aqueles que alcançam as monarquias não são com frequência senão patifes, velhacos e intriguistas, cujos pequenos talentos, que permitem nas cortes ascender aos grandes postos, não servem senão para mostrar ao público sua inépcia assim que eles os obtêm. O povo se engana bem menos sobre essa escolha que o príncipe, e um homem com um mérito verdadeiro é quase tão raro no ministério quanto o é um tolo à frente de um governo republicano. Portanto, quando por qualquer feliz acaso um desses homens nascidos para governar toma o leme dos negócios em uma monarquia quase destruída por esse conjunto de belos regentes, surpreendemo-nos grandemente com os recursos que encontra, e isso marca época em um país.

Para que um Estado monárquico pudesse ser bem governado, seria necessário que sua grandeza ou sua extensão fossem medidas em relação às faculdades daquele que governa. É mais fácil conquistar que governar. Com uma alavanca suficiente, um dedo pode mover o mundo, mas para sustentá-lo são necessárias as costas de Hércules. Por menor que seja um Estado, o príncipe é quase sempre pequeno demais. Quando, ao contrário, ocorre que o Estado é pequeno demais para seu chefe, o que é muito raro, ele também é mal governado, pois o chefe, seguindo sempre a grandeza de sua opinião, esquece os interesses dos povos e não os torna menos infelizes pelo abuso dos talentos que tem em demasia do que os torna infelizes um chefe pelo defeito daquilo que lhe falta. Seria necessário, por assim dizer, que um reino se estendesse ou se limitasse a cada reinado de acordo com a compleição do príncipe; enquantos os talentos de um Senado estivesse em medidas mais fixas, o Estado pode ter limites constantes e a administração prosperar igualmente bem.

O mais óbvio inconveniente do governo de um só é a falta dessa sucessão contínua que proporciona nas outras duas formas uma ligação sem interrupções. Um rei morre, outro é necessário; as eleições deixam intervalos perigosos, elas são tempestuosas, e, a menos que os cidadãos não sejam de um desinteresse, de uma integridade que esse governo dificilmente encoraja, a intriga e a corrupção intrometem-se. É difícil que esse a quem o Estado foi vendido não se venda, por sua vez, e não se indenize, à custa dos fracos, do dinheiro que os poderosos lhe extorquiram. Cedo ou tarde, tudo se torna venal sob tal administração, e a paz da qual se desfruta então com os reis é pior que a desordem dos interregnos.

O que foi feito para evitar esses males? Em certas famílias, a coroa tornou-se hereditária, e foi estabelecida uma ordem de sucessão que evita toda disputa à morte dos reis. Isso significa que, substituindo o inconveniente das eleições pelo das regências, é preferível uma tranquilidade aparente que uma adminsitração sábia, e que se preferiria ter por chefes crianças, monstros e imbecis a ter de se discutir sobre a escolha dos bons reis; não se considerou que, ao se expor assim aos riscos da alternativa, põe-se quase todas as chances contra si mesmo. Seria uma resposta muito ajuizada a do jovem Dionísio, a quem o pai, ao criticá-lo por uma ação vergonhosa. dizia: "Será que não dei o exemplo?". "Ah!", responde o filho, "vosso pai não era o rei!".

Tudo concorre para privar de justiça e razão um homem educado para comandar os outros. Temos muitos problemas, portanto, pelo que se diz, para ensinar aos jovens príncipes a arte de reinar; não parece que essa educação lhes seja proveitosa. Melhor seria se começassem ensinando-lhes a arte de obedecer. Os maiores reis que a história celebrou não tiveram treinamento para reinar; é uma ciência que jamais se possui menos que após tê-la aprendido em demasia e que se adquire melhor obedecendo que comandando. *Nam utilissimus idem ac brevissimus bonarum malarumque rerum delectus, cogitare quid aut no-lueris sub alio Principe aut volueris.*[25]

Uma consequência dessa falta de coerência é a inconstância do governo real, que, partindo-se ora de um plano, ora de outro, conforme o caráter do príncipe que reina ou das pessoas que reinam em seu lugar, não pode ter por muito tempo nem um objeto fixo nem uma conduta consequente: variação que faz sempre o Estado flutuar de máxima em máxima, de projeto em projeto, e que não tem lugar em outros governos nos quais o príncipe é sempre o mesmo. Também se vê que, em geral, se há mais astúcia em uma corte, há mais sabedoria em um Senado, e que as repúblicas perseguem seus fins por meio de métodos mais constantes e mais regulares, enquanto cada revolução no ministério produz uma no Estado; a máxima comum a todos os ministros e praticamente a todos os reis sendo tomar em tudo o contrário de seu antecessor.

Dessa mesma incoerência se tira ainda a solução de um sofisma muito familiar aos políticos reais, que é, não somente comparar o governo civil ao governo doméstico e o príncipe ao pai de família, erro já refutado, mas também dar com liberalidade a esse magistrado todas as virtudes de que se tem necessidade, e supor sempre que o príncipe é o que deveria ser: suposição na qual se baseia que o governo real é evidentemente preferível a qualquer outro, pois é incontestavelmente mais forte, e que por ser assim o melhor não lhe falta senão uma vontade de corpo mais conforme à vontade geral.

No entanto, se, para Platão,[26] o rei por natureza é um personagem tão raro, quantas vezes a natureza e a fortuna

---

[25] "Para distinguir melhor e mais rápido o bem do mal, perguntes o que quererias ou não quererias sob outro rei que não fosses tu." (N. E.) Tácito: *Hist.*, L. I. (N. A.)

[26] 25 *In Civili.* (N. A.)

concorrem para coroá-lo, e, se a educação real corrompe necessariamente aqueles que a recebem, o que se deve esperar de uma sucessão de homens educados para reinar? Portanto, é querer confundir o governo real com o de um bom rei. Para ver o que o governo é em si mesmo, deve-se considerá-lo sob os príncipes ineptos ou maus, pois eles chegarão assim ao trono, ou o trono os transformará em tais.

Essas dificuldades não escaparam aos nossos autores, mas eles não estão em absoluto embaraçados. O remédio é, dizem, obedecer sem reclamar. Deus faz os maus reis em sua cólera, e deve-se suportá-los como castigos do céu. Esse discurso é, sem dúvida, edificante; mas não sei se conviria mais ao púlpito que a um livro de política. E o que dizer de um médico que promete milagres, e do qual toda arte é exortar o doente à paciência? Sabemos que é necessário suportar um mau governo quando o temos; a questão seria encontrar um bom.

Capítulo VII
Os governos mistos

A bem da verdade, não existe governo simples. É necessário que um chefe único tenha magistrados subalternos; é necessário que um governo popular tenha um chefe. Dessa forma, na divisão da potência executiva existe sempre gradação do grande número ao menor, com a diferença de que o grande número depende do pequeno, e o pequeno, do grande. Algumas vezes existe uma divisão igual; seja quando as partes constitutivas estão em uma dependência recíproca, como no governo da Inglaterra; seja quando a autoridade de cada parte é independente, mas imperfeita, como na Polônia. Esta última forma é ruim, pois não há unidade alguma no governo, e o Estado carece de ligação.

Qual deles vale mais: um governo simples ou um governo misto? Questão muito debatida entre os políticos, e à qual se deve dar a mesma resposta que já dei anteriormente sobre toda forma de governo.

O governo simples é melhor em si, por isso mesmo é simples. Mas quando o poder executivo não depende demasiado do legislativo, isto é, quando há mais ligação entre o príncipe e o soberano do que entre o povo e o príncipe, deve-se remediar essa falta de proporção dividindo o governo; pois então todas as partes não têm menos autoridade sobre os súditos, e sua divisão as torna todas juntas menos fortes contra o soberano.

Evita-se também o mesmo inconveniente ao estabelecer magistrados intermediários, que, deixando o governo inteiro, servem apenas para equilibrar os dois poderes e para manter seus direitos correspondentes. Então, o governo não é misto, mas temperado.

Pode-se remediar por meios semelhantes o inconveniente oposto, e, quando o governo é demasiado fraco, erigir tribunais para concentrá-lo. Isso é praticado em todas as democracias. No primeiro caso, divide-se o governo para enfraquecê-lo, e, no segundo, para reforçá-lo; pois o máximo de força e de fraqueza se encontram igualmente nos governos simples, enquanto as formas mistas criam uma força intermediária.

Capítulo VIII
Toda forma de governo não é própria a todo país

A liberdade, não sendo um fruto de todos os climas, não está ao alcance de todos os povos. Quanto mais meditamos sobre esse princípio estabelecido por Montesquieu, mais sentimos a sua verdade. Mais o contestamos, mais damos ocasião de estabelecê-lo por meio de novas provas.

Em todos os governos do mundo a pessoa pública consome e nada produz. De onde lhe vem, portanto, a substância consumida? Do trabalho de seus membros. É o supérfluo dos particulares que produz o necessário do público. Segue-se disso que o estado civil não pode subsistir senão quando o trabalho dos homens produz mais que seus carecimentos.

Ora, esse excedente não é o mesmo em todos os países do mundo. Em muitos, é considerável, em outros, medíocre, nulo, em outros, em outros, negativo. Essa relação depende da fertilidade do clima, do tipo de trabalho que a terra exige, da natureza de seus produtos, da força de seus habitantes, do maior ou menor consumo que lhe é necessário, e de muitas outras relações semelhantes das quais é composta.

Por outro lado, os governos não são todos da mesma natureza; há aqueles mais ou menos dissipadores, e as diferenças se fundam sobre este outro princípio: quanto mais as contribuições públicas se afastam de sua fonte, mais são onerosas. Não é sobre a quantidade de imposições que se deve medir essa carga, mas sobre o caminho que elas devem fazer para retornar às mãos das quais saíram; quando essa circulação é imediata e bem estabelecida, quer se pague pouco ou muito, não importa; o povo é sempre rico e as finanças sempre vão bem. Ao contrário, qualquer pouco que o povo dê, quando esse pouco não retorna para ele, dando sempre, ele rapidamente se esgota; o Estado jamais é rico, e o povo é sempre miserável.

Segue-se disso que, quanto mais aumenta a distância entre o povo e o governo, mais os tributos tornam-se onerosos: dessa forma, na democracia, o povo é menos sobrecarregado, na aristocracia, a sobrecarga é média, na monarquia, carrega o maior peso. A monarquia não convém senão às nações opulentas, a aristocracia, aos Estados com riquezas e grandezas medíocres, a democracia, aos Estados pequenos e pobres.

Com efeito, quanto mais refletimos, mais encontramos aí diferença entre os Estados livres e as monarquias; nos primeiros, tudo é empregado para a utilidade comum; nos outros, as forças públicas e particulares são recíprocas, e uma aumenta pelo enfraquecimento da outra. Enfim, em lugar de governar os súditos para deixá-los felizes, o despotismo os torna miseráveis para governá-los.

Eis, portanto, em cada clima, causas naturais por meio das quais se pode apontar a forma de governo à qual a força do clima conduz, e se pode dizer mesmo que espécie de habitantes ela deve ter. Os locais ingratos e estéreis onde o produto não vale o trabalho devem permanecer incultos e desertos, ou somente povoados por selvagens. Os locais nos quais o trabalho dos homens não rende mais que o necessário devem ser habitados por povos bárbaros, toda *politia* será impossível: os locais nos quais o excesso do produto sobre o trabalho é medíocre convêm aos povos livres; aqueles em que o solo abundante e fértil produzem muito para pouco trabalho querem ser governados monarquicamente, para consumir pelo luxo do príncipe o excesso do supérfluo dos súditos; pois é melhor que esse excesso seja absorvido pelo governo que dissipado pelos particulares. Existem exceções, bem sei; mas as próprias exceções confirmam a regra, pelo fato de que produzem cedo ou tarde revoluções que restauram as coisas à ordem da natureza.

Devemos sempre diferenciar as leis gerais das causas particulares que podem modificar seu efeito. Se todo o sul fosse constituído de repúblicas e todo o norte, de Estados despóticos, não seria menos verdadeiro que, graças ao efeito do clima, o despotismo convém aos países quentes, a barbárie, aos países frios, e a boa *politia* às regiões intermediárias. Desejo também que concordando com o princípio se pudesse discutir sua aplicação: pode-se dizer que há países frios muito férteis e meridionais muito ingratos. Mas essa dificuldade somente existe para aqueles que não examinam a questão em todas as suas relações. É necessário, como já afirmei, calcular as relações dos trabalhos, forças, consumo, etc.

Suponhamos que dois distritos semelhantes estejam numa proporção de cinco para dez. Se os habitantes do primeiro consomem quatro e os do segundo, nove, o excesso do primeiro produto será de 1/5 e o do segundo, 1/10. A relação desses dois excessos sendo, portanto, o inverso da dos produtos, o terreno que produzisse cinco daria um supérfluo com o dobro do terreno que produzisse dez.

Mas não se trata de um produto duplo, e não creio que alguém ouse colocar, em geral, a fertilidade dos países frios em igualdade mesmo com a dos países quentes. Entretanto, suponhamos essa igualdade, deixemos em equilíbrio a Inglaterra com a Sicília, e a Polônia com o Egito. Mais ao sul, teremos a África e as Índias, mais ao norte, não teremos nada. Para essa igualdade de produto, qual a diferença na cultura? Na Sicília, basta arranhar a terra; na Inglaterra, que cuidados são necessários para trabalhá-la! Ora, aí onde são necessários mais braços para obter o mesmo produto, o supérfluo deve ser necessariamente menor.

Consideremos, além disso, que a mesma quantidade de homens consome muito mais nos países quentes. O clima exige que se esteja sóbrio para se manter bem: os europeus que querem viver como eles morrem todos com disenteria e indigestões. "Somos", afirma Chardin, "animais carnívoros, lobos, em comparação com os asiáticos. Alguns atribuem a sobriedade dos persas ao fato de que seu país é menos cultivado, e eu creio, ao contrário, que seu país não produz menos, seus habitantes é que necessitam de muito menos. Se sua frugalidade", continua ele, "fosse um efeito da pobreza do país, ninguém senão os pobres comeria pouco, quando é geralmente assim com todo o mundo, e se comeria mais ou menos em cada província de acordo com a fertilidade do país, quando a mesma sobriedade se encontre por todo o reino. Eles se orgulham de sua maneira de viver, afirmando que não se deve senão olhar sua pele para reconhecer como ela é superior à dos cristãos. Com efeito, a pele dos persas é lisa; eles têm a pele bonita, fina e limpa, enquanto a dos armênios, seus súditos que vivem à maneira europeia, é grossa, manchada, e seu corpo é grande e pesado.

Quanto mais nos aproximamos da linha do equador, mais os povos vivem com pouco. Não comem praticamente carne; o arroz, o milho, o cuscuz, a mandioca são os alimentos comuns. Nas Índias, há milhões de homens cuja alimentação não custa meio centavo por dia. Vemos na própria Europa diferenças sensíveis para o apetite entre os povos do norte e os do sul. Um espanhol pode viver oito dias com o jantar de um alemão. No país em que os homens são mais vorazes, o luxo se volta também para o apetite. Na Inglaterra, ele se mostra sobre uma mesa cheia de carnes; na Itália, regala-se com açúcar e flores.

O luxo da vestimenta oferece também diferenças semelhantes. Nos climas em que as mudanças das estações são súbitas e violentas, usa-se vestimentas melhores e mais simples, nos países onde não se veste senão por ornamento, busca-se mais esplendor que utilidade, as próprias roupas são um luxo. Em Nápoles, ver-se-á todos os dias passeando no Posilipo homens em vestes douradas, sem meias. A mesma coisa ocorre em relação às construções; sacrifica-se tudo à magnificência quando não se teme as injúrias do clima. Em Paris, em Londres, deseja-se estar abrigado com aconchego e conforto. Em Madri, existem salões soberbos, mas nenhuma janela para fechá-los e deita-se em ninhos de ratos.

Os alimentos são muito mais substanciais e suculentos nos países quentes; eis uma terceira diferença que não pode deixar de influenciar na segunda. Por que se come legumes na Itália? Porque são bons, alimentam, e têm gosto excelente. Na França, onde são fertilizados apenas com água, não alimentam de modo algum e praticamente nada acrescentam à mesa. No entanto, não ocupam menos terreno nem custam menos trabalho para serem cultivados. Sabemos por experiência que o trigo da Barbaria, inferior ao da França, rende muito mais em farinha, e que o da França, por sua vez, rende muito mais que o do norte. Disso pode-se inferir que uma gradação semelhante é observada em geral na mesma direção da linha do equador ao polo. Ora, não é uma desvantagem visível ter um produto igual uma menor quantidade de alimento?

A todas essas diferentes considerações, posso acrescentar uma que delas resulta e que as fortalece; é que os países quentes têm menos necessidade de habitantes que os países frios, e poderiam alimentar um número maior; o que produz um duplo excedente sempre em vantagem do despotismo. Quanto mais o mesmo número de habitantes ocupa uma grande superfície, mais as revoltas se tornam difíceis; pois não é possível se concertar nem pronta nem secretamente, e é sempre fácil para o governo usurpar os projetos e cortar as comunicações: porém, quanto mais um povo numeroso se reúne, menos o governo pode usurpar o soberano; os líderes deliberam em suas câmaras tanto quanto o príncipe em seu conselho, e a multidão se reúne nas praças com a mesma naturalidade que as tropas em seus quartéis. A vantagem de um governo tirânico está, portanto, no fato de agir a grandes distâncias. Com auxílio dos colaboradores, sua força aumenta com a distância, como a das alavancas.[27]

A força do povo, ao contrário, não age senão concentrada, ela se evapora e se perde ao se ampliar, como o efeito da pólvora espalhada na terra e que somente incendeia grão a grão. Os países menos povoados são também os mais apropriados à tirania: as bestas ferozes somente reinam nos desertos.

Capítulo IX
Sinais de um bom governo

Quando, portanto, perguntamos qual é o melhor governo, levanta-se uma questão insolúvel e indeterminada; ou, se preferirmos, ela tem tantas boas soluções quantas são as combinações possíveis nas posições absolutas e relativas dos povos.

Mas se perguntamos que sinal podemos reconhecer de que um povo é bem ou mal governado, isso seria outra coisa, e a questão de fato poderia ser resolvida.

Entretanto, não a resolvemos de modo algum, pois cada um quer resolvê-la à sua maneira. Os súditos engrandecem a tranquilidade pública, os cidadãos, a liberdade dos particulares, um prefere a certeza de suas posses, o outro, a das pessoas; um quer que o melhor governo seja o mais severo, o outro afirma que é o mais doce; este quer punir os crimes, e aquele quer evitá-los; um acha belo que se tema os vizinhos,

---

[27] Isso não contradiz o que afirmei anteriormente, L. II, cap. IX, sobre os inconvenientes dos grandes Estados: pois se tratava aí da autoridade do governo sobre seus membros, e trata-se aqui de sua força contra os súditos. Seus membros esparsos servem-lhe de ponto de apoio para agir de longe sobre o povo, mas ele não tem nenhum ponto de apoio para agir diretamente sobre esses membros mesmos. Assim, em um caso, o comprimento da alavanca causa a fraqueza, e a força, no outro. (N. A.)

o outro prefere que se seja ignorado, um se satisfaz quando o dinheiro circula, o outro exige que o povo tenha pão. Mesmo que houvesse acordo sobre esses pontos e outros semelhantes, estaremos mais avançados? As quantidades morais carecem de medida precisa, mesmo que concordássemos quanto ao sinal, como poderíamos fazê-lo sem sua avaliação?

De minha parte, espanto-me sempre que se desconheça um sinal tão simples, ou que se tenha a má-fé de não concordar a seu respeito. Qual é o fim da associação política? É a conservação e prosperidade dos membros. E qual é o sinal mais certo de que eles se conservam e prosperam? É seu número e sua população. Portanto, não busquem alhures esse sinal tão disputado. Todas as coisas sendo iguais, o governo sob o qual, sem meios estrangeiros, sem naturalizações, sem colônias, os cidadãos povoam e se multiplicam em abundância é infalivelmente o melhor: aquele sob o qual um povo diminui e perece é o pior. Estatísticos, este é agora vosso problema; contai, medi, comparai.[28]

Capítulo X
Do abuso do governo e de sua tendência a degenerar

Como a vontade particular age sem cessar contra a vontade geral, o governo faz um esforço contínuo contra a soberania. Quanto mais esse esforço aumenta, mais a constituição se altera, e, como não há aqui em absoluto outra vontade de corpo que, resistindo à do príncipe, traga equilíbrio com ela, deve ocorrer, cedo ou tarde, que o príncipe oprima enfim o

[28] Deve-se julgar, sob o mesmo princípio, séculos que merecem destaque devido à prosperidade do gênero humano. Tem-se admirado muito aqueles nos quais se viu florescerem as letras e as artes, sem penetrar o objeto secreto de sua cultura, sem considerar o funesto efeito, *idque apud imperitos humanitas vocabatur, cum pars servitutis esset*. (Os tolos chamavam de humanidade o que já era uma parte de servidão.) Não veremos jamais nas máximas dos livros o interesse grosseiro que faz falar seus autores? (N. A.)

soberano e rompa o tratado social. Eis aí o vício inerente e inevitável que, desde o nascimento do corpo político, tende, sem cessar, a destruí-lo, do mesmo modo que a velhice e a morte destroem o corpo do homem.

Há duas vias gerais pelas quais um governo degenera; a saber, quando ele se confina ou quando o Estado se dissolve.

O governo se confina quando passa do grande número ao pequeno, isto é, da democracia à aristocracia, da aristocracia à realeza. Eis aí sua inclinação natural.[29] Se ele retrocedesse do pequeno ao grande número, poder-se-ia dizer que se enfraquece, mas esse progresso inverso é impossível.

Com efeito, o governo jamais muda de forma senão quando a energia usada o deixa demasiado fraco para poder conservar sua forma. Ora, se ele se enfraquece também ao se expandir, sua força se tornaria, com efeito, nula, e ele subsistiria menos ainda.

O caso da dissolução do Estado pode ocorrer de duas maneiras. Primeiro, quando o príncipe não mais administra o Estado segundo as leis e usurpa o poder soberano. Faz-se então uma mudança notável; trata-se, não do governo, mas do Estado que se confina; quero dizer que o grande Estado se dissolve e que se forma outro naquele, composto somente de membros do governo e que nada mais é do povo senão seu senhor e seu tirano. De modo que, no instante em que o governo usurpa a soberania, o pacto social é rompido, e todos os simples cidadãos, reobtendo de direito sua liberdade natural, são forçados, porém, não obrigados, a obedecer.

---

[29] A formação lenta e o progresso da república de Veneza em suas lagunas oferece um exemplo notável dessa sucessão; e é muito espantoso que, depois de mais de duzentos anos, os venezianos pareçam não estar senão no segundo estágio, que teve início em 1198. Quanto aos duques anciãos, aos quais se reprova, seja lá o que possa dizer *lo Squitinio della Libertà Veneta*, (Só italiano, literalmente / Escrutínio da liberdade veneziana) demonstrou-se que eles não foram em absoluto soberanos. Não deixarão de me objetar que a república romana que seguia, dir-se-á, um progresso inteiramente contrário, passando da monarquia à aristocracia, e da aristocracia à democracia. Longe de mim pensar dessa forma. (N. A.)

O mesmo caso ocorre também quando os membros do governo usurpam separadamente o poder que eles não devem exercer senão como corpo; o que não é uma infração menor das leis, e produz também uma desordem muito maior. Tem-se então, por assim dizer, tantos príncipes quantos magistrados, e o Estado, não menos dividido que o governo, perece ou muda de forma.

Quando o Estado se dissolve, o abuso do governo, qualquer que seja, recebe a denominação comum de anarquia. Para distinguir, a democracia degenera em oclocracia, a aristocracia em oligarquia; acrescentarei que a realeza degenera em tirania; esta última palavra é equívoca e exige explicação.

Em sentido vulgar, um tirano é um rei que governa com violência e sem relação com a justiça e as leis. Neste sentido preciso, um tirano é um particular que se arroga a autoridade real sem que tenha direito a ela. É assim que os gregos entendiam a palavra tirano. Eles a utilizavam indiferentemente para os bons e maus príncipes cuja autoridade não fosse legítima.[30] Assim, tirano e usurpador são dois termos perfeitamente sinônimos.

Para dar diferentes nomes a coisas diferentes, chamo de tirano o usurpador da autoridade real e déspota o usurpador do poder soberano. O tirano é aquele, contrário às leis, que governa segundo as leis; o déspota é aquele que se põe acima das próprias leis. Dessa forma, o tirano não pode ser o déspota, mas o déspota é sempre tirano.

---

[30] *Omnes enim et habentur et dicuntur Tyranni qui potestate utuntur perpetua, in ea Civitate quae libertate usa est.* (Pois são chamados e considerados tiranos todos que detêm poder perpétuo às custas de um Estado que conhecia a liberdade.) Corn. Nep., in Miltiad. É verdade que Aristóteles, *Ética a Nicômaco.*, l. VIII, c. 10, distingue o tirano do rei, pelo fato de que o primeiro governa para sua própria utilidade e o segundo para a utilidade de seus sujeitos; porém, em geral, todos os autores gregos utilizaram a palavra tirania em outro sentido; como ela apareceria sobretudo pelo Hieron, de Xenofonte, seguir-se-ia da distinção de Aristóteles que, depois do início do mundo, não teria existido ainda um único rei. (N. A.)

Capítulo XI
Da morte do corpo político

Tal é a tendência natural e inevitável dos governos bem constituídos. Se Esparta e Roma pereceram, que Estado pode esperar durar para sempre? Se queremos formar uma instituição durável, não sonhemos, portanto, em absoluto em torná-la eterna. Para sermos bem-sucedidos, não se deve tentar o impossível nem se vangloriar por dar à obra humana uma solidez que as coisas humanas não comportam.

O corpo político, tanto quanto o corpo humano, começa a morrer desde o nascimento e traz em si mesmo as causas de sua destruição. Mas um e outro podem ter uma constituição mais ou menos robusta e própria para se conservar por mais ou menos tempo. A constituição do homem é obra da natureza, a do Estado é obra da arte. Não depende dos homens prolongar sua vida, depende deles prolongar a do Estado tanto quanto for possível, dando-lhe a melhor constituição que possa ter. O mais bem constituído terminará mais tarde que outro, se nenhum acidente imprevisto causar sua perda antes do tempo.

O princípio da vida política reside na autoridade soberana. O poder legislativo é o coração do Estado, a potência executiva é seu cérebro, que leva movimento a todas as partes. O cérebro pode ficar paralisado e o indivíduo viver ainda. Um homem permanece imbecil e vive: mas se o coração cessa seu funcionamento, o animal está morto.

Não é, de modo algum, pelas leis que o Estado subsiste, é pelo poder legislativo. A lei de ontem não obriga hoje, mas o consentimento tácito é pressuposto do silêncio, e o soberano é obrigado a confirmar incessantemente as leis que não arroga, podendo fazê-lo. Tudo isso que ele declarou querer uma vez ele quer sempre, a menos que o revogue.

Por que então mostra-se tanto respeito pelas antigas leis? Por essa mesma razão. Deve-se crer que somente a excelência das vontades antigas lhes permitiu sobreviver por tanto tempo; se o soberano não as reconhecesse constantemente como salutares, ele as teria mil vezes revogado. Por essa razão, longe de enfraquecerem, as leis adquirem sem cessar uma força nova no Estado bem constituído; o preconceito da Antiguidade as torna a cada dia mais dignas de veneração; enquanto, onde as leis se enfraquecem ao caducar, isso prova que não há mais poder legislativo, e que o Estado não mais vive.

CAPÍTULO XII
COMO SE MANTÉM A AUTORIDADE SOBERANA

O soberano, sem ter outra força além do poder legislativo, age somente por meio de leis, e não sendo as leis senão atos autênticos da vontade geral, o soberano não saberia agir senão quando o povo está reunido! O povo reunido dirá: Que quimera! É uma quimera hoje, mas não era há dois mil anos. Os homens mudaram de natureza?

Os limites do possível nas coisas morais são menos estreitos do que nós pensamos. São nossas fraquezas, nossos vícios, nossos prejuízos que os retraem. As almas vis não creem de forma alguma nos grandes homens: escravos vis sorriem com ar de troça à palavra liberdade.

Pelo que já foi feito, consideremos o que se pode fazer; não mencionarei as antigas repúblicas da Grécia, mas a República de Roma era, parece-me, um grande Estado, e a cidade de Roma, uma grande cidade. O último censo contou em Roma quatrocentos mil cidadãos portando armas, e o último censo do Império contou mais de quatro milhões de cidadãos, sem contar os súditos, estrangeiros, mulheres, crianças, escravos.

Que dificuldade, podemos supor, em reunir com frequência o povo imenso dessa capital e seus arredores? No entanto, a cada poucas semanas o povo romano se reunia, e mesmo muitas vezes. Não apenas exercia os direitos da soberania, mas uma parte dos direitos do governo. Tratava de certos negócios, julgava certas causas, e todo esse povo era em praça pública com frequência mais magistrado que cidadão.

Ao fazer referência aos primeiros tempos das nações, descobriremos que a maior parte dos antigos governos, mesmo as monarquias tais como as dos macedônios e francos, tinham conselhos semelhantes. Seja como for, somente esse fato incontestável responde a todas as dificuldades. Do que existe ao que é possível, a consequência me parece boa.

CAPÍTULO XIII
CONTINUAÇÃO

Não basta que o povo reunido tenha fixado a constituição do Estado ao dar sanção a um corpo de leis: não basta que tenha estabelecido um governo perpétuo ou que tenha providenciado, de uma vez por todas, a eleição dos magistrados. Além das assembleias extraordinárias que casos imprevistos podem exigir, é necessário que haja assembleias fixas e periódicas que nada pudesse abolir ou adiar, de tal forma que no dia marcado o povo seja convocado legitimamente pela lei, sem que haja necessidade para isso de alguma outra convocação formal.

Mas, além dessas assembleias jurídicas por sua data, toda assembleia do povo que não tenha sido convocada pelos magistrados, apontados para esse efeito e segundo as formas prescritas, deve ser considerada ilegítima e tudo que é feito nelas, nulo; pois a ordem mesma de se reunir deve emanar da lei.

Quanto aos retornos mais ou menos frequentes das assembleias legítimas, dependem de tantas considerações que não poderia haver regras precisas. Somente se pode dizer em geral que, quanto mais força tem o governo, com mais frequência o soberano deve mostrar-se.

Isso, dir-me-ão, pode ser bom para uma só cidade; mas o que fazer quando o Estado engloba muitas? Será dividida a autoridade soberana, ou bem se deve concentrá-la em uma cidade apenas, submetendo todo o resto?

Respondo que não se deve fazer nem um nem outro. Em primeiro lugar, a autoridade soberana é simples e una, e não se pode divisá-la sem destruí-la. Em segundo lugar, tanto uma vila quanto uma nação não podem estar legitimamente submetidas a outra, pois a essência do corpo político reside no acordo entre obediência e liberdade, e o fato de que palavras como súdito e soberano sejam correlações idênticas cuja ideia se reúne sob o único termo cidadão.

Respondo ainda que é sempre um mal reunir muitas vilas em uma única cidade e que, querendo fazer essa união, não se deve se vangloriar de evitar os inconvenientes naturais. Não se deve, de modo algum, objetar o abuso dos grandes Estados a quem não quer senão os pequenos: mas como dar aos pequenos Estados tanta força para resistir aos grandes? Como as cidades gregas costumavam resistir ao grande rei, e como, mais recentemente, a Holanda e a Suíça resistiram à casa da Áustria.

Contudo, se não se pode reduzir o Estado aos limites apropriados, resta ainda uma alternativa: não permitir, de modo algum, uma capital, fazer o governo situar-se alternativamente em cada vila, e reunir pouco a pouco os povos do país.

Povoai igualmente o território, estendei os mesmos direitos, levai a abundância e a vida, é assim que o Estado se tornará, ao mesmo tempo, o mais forte e o melhor governo possível. Recordai que os muros das vilas se formam das ruínas das casas dos campos. A cada palácio que vejo erguer-se na capital, creio ver em ruínas um país inteiro.

Capítulo XIV
Continuação

No momento em que o povo é legitimamente reunido em corpo soberano, toda jurisdição do governo cessa, a potência executiva é suspensa, e a pessoa do último cidadão é tão sagrada e inviolável quanto a do primeiro magistrado, pois onde se encontra o representado não há mais representante. A maior parte dos tumultos que irromperam em Roma nos comícios resultou de se ter ignorado ou negligenciado essa regra. Os cônsules então não eram senão os presidentes do povo, as tribunas de simples oradores,[31] o Senado não era absolutamente nada.

Esses intervalos de suspensão, nos quais o príncipe reconhece ou deve reconhecer um superior atual, sempre foram temidos por ele, e essas assembleias do povo, que são a égide do corpo político e o freio do governo, foram desde sempre o horror dos líderes: portanto, não querem jamais nem cuidados, nem objeções, nem dificuldades nem promessas, para delas dissuadir os cidadãos. Quando estes são avaros, covardes, pusilânimes, amando mais o repouso que a liberdade, não se mantêm muito tempo contra os esforços redobrados do governo; é dessa forma que, com o aumento incessante da força de resistência, a autoridade soberana desaparece enfim, e a maior parte das cidades cai e perece antes do tempo.

Mas, entre a autoridade soberana e o governo arbitrário, introduz-se, algumas vezes, um poder intermediário do qual devemos falar.

Capítulo XV
Dos deputados ou representantes

Assim que o serviço público deixa de ser o principal negócio dos cidadãos, e eles preferem ajudar com sua bolsa a ajudar com sua pessoa, o Estado já está próximo de sua ruína. Devem marchar para o combate? Pagam as tropas e ficam em casa; devem ir até o conselho? Nomeiam deputados e ficam em casa. Por força de sua indolência e riqueza, finalmente, têm soldados para submeter a pátria e representantes para vendê-la.

É a azáfama do comércio e das artes, é o interesse ávido do ganho, é a indolência e o amor ao conforto que transformam

---

[31] Segundo o sentido que se dá a esse nome no parlamento inglês. A semelhança desses usos pôs em conflito cônsules e tribunos, e mesmo toda jurisdição foi suspensa. (N. A.)

os serviços pessoais em dinheiro. Cedem uma parte de seu lucro para aumentá-lo a seu bel-prazer. Dai dinheiro, e em breve tereis grilhões. A palavra Finança é uma palavra de escravo, desconhecida na cidade. Em um estado verdadeiramente livre, os cidadãos fazem tudo com os próprios braços e nada com o dinheiro. Longe de pagar para se isentar de seus deveres, pagariam para fazê-los eles mesmos. Estou bem distante das ideias comuns; creio que as corveias são menos contrárias à liberdade que às taxas.

Quanto melhor o Estado é constituído, mais os negócios públicos superam os privados no espírito dos cidadãos. Há mesmo muito menos negócios privados, pois a soma da felicidade comum proporciona uma porção mais considerável à de cada indivíduo, resta-lhe menos a procurar nos cuidados particulares. Em uma cidade bem conduzida, todos correm às assembleias; sob um mau governo, ninguém dá um passo para comparecer; pois ninguém se interessa pelo que foi feito, se todos sabem de antemão que a vontade geral não dominará, e que, enfim, os cuidados domésticos tudo absorvem. As boas leis pavimentam o caminho para leis melhores, as más conduzem a piores. Uma vez que alguém diga sobre os negócios do Estado: Que me importa?, deve-se considerar que o Estado está perdido.

O declínio do amor à pátria, a atividade de interesse privado, a imensidão dos Estados, as conquistas, o abuso do governo nos fazem imaginar a via que leva aos deputados ou representantes do povo nas assembleias da nação. É a isso que, em certos países, ousa-se chamar o terceiro Estado. Dessa forma, o interesse particular de duas ordens é posto em primeiro e segundo lugares, o interesse público está somente no terceiro.

A soberania não pode ser representada, pela mesma razão que não pode ser alienada; ela consiste essencialmente na vontade geral, e a vontade não se representa de modo algum: ou é ela mesma, ou é outra; não há meio termo. Os deputados do povo, portanto, não são nem podem ser seus representantes, são apenas comissários; não podem concluir nada definitivamente. Toda lei que o povo em pessoa não ratificou é nula; não é, de forma alguma, uma lei. O povo inglês pensa que é livre; engana-se redondamente, ele o é apenas durante a eleição dos membros do parlamento; desde que são eleitos, é escravo, não é nada. Nos breves momentos de sua liberdade, o uso que dela faz torna merecido que a perca.

A ideia dos representantes é moderna: ela nos vem do governo feudal, desse governo iníquo e absurdo no qual a espécie humana é degradada, e onde ser chamado de ser humano é uma desonra. Nas antigas repúblicas, e mesmo nas monarquias, jamais o povo teve representantes; não se conhecia tal palavra. É muito singular que, em Roma, onde os tribunos eram tão sagrados, não se imagine que eles pudessem usurpar as funções do povo, e que, em meio a uma multidão tão grande, eles não tivessem jamais tentado passar por seu líder um único plebiscito. Que se julgue, porém, o embaraço que causava, algumas vezes, a multidão, pelo que ocorreu na época dos Gracos, na qual os cidadãos davam seu voto debaixo dos telhados.

Onde o direito e a liberdade são todas as coisas, os inconvenientes não são nada. Entre esse povo sábio tudo era posto na medida correta: ele permitia a seus lictores isso que seus tribunos não ousavam fazer; não temia que seus lictores quisessem representá-lo.

Porém, para explicar como os tribunos os representavam, bastava conceber como o governo representa o soberano. A lei não sendo a declaração da vontade geral, está claro que na potência legislativa o povo não pode ser representado; mas pode e deve ser no poder executivo, que não é senão a força aplicada à lei. Isso nos mostra que, examinando bem as coisas, descobrir-se-á que muito poucas nações têm leis. Seja como for, é certo que os tribunos, não tendo parte alguma do poder executivo, não podiam jamais representar o povo romano pelos direitos de seu ofício, mas apenas se os usurpassem do Senado.

Entre os gregos, tudo isso que o povo tinha de fazer, fazia por si mesmo; estava sem cessar reunido no local. Habitava um clima doce, não era ávido, os escravos faziam suas tarefas, sua grande preocupação era a liberdade. Não tendo as mesmas vantagens, como conservar os mesmos direitos? Vossos climas mais duros vos fizeram mais carentes,[32] seis meses ao ano a praça pública fica deserta, vossas vozes roucas não podem ser entendidas em pleno ar, importai-vos mais com vosso ganho do que com vossa liberdade, e temeis menos a escravidão que a miséria.

O quê! A liberdade não se conserva senão com apoio da servidão? Talvez. Os dois excessos se tocam. Tudo isso que não está, de forma alguma, na natureza tem seus inconvenientes, e a sociedade civil mais do que todo o restante. Há tais posições infelizes, nas quais não se pode conservar a liberdade à custa da de outrem, e na qual o cidadão não pode ser perfeitamente livre a não ser que o escravo não seja extremamente escravo. Tal era a posição de Esparta. Quanto a vós, povos modernos, vós não seríeis absolutamente escravos, mas vós os sois; pagai a liberdade deles com a vossa. Em vão, vos vangloriais dessa preferência; nela encontro mais covardia que humanidade.

Não quero dizer com tudo isso que ter escravos seja necessário, nem que o direito à escravidão seja legítimo, pois demonstrei o contrário. Afirmo somente as razões pelas quais os povos modernos que se creem livres têm representantes, e pelas quais os povos antigos não os tinham. Seja como for, no momento em que um povo se dá representantes, não é mais livre, sequer é povo.

Tudo bem examinado, não considero que seja desde então possível ao soberano conservar entre nós o exercício de seus direitos se a cidade não for muito pequena. Mas, se ela for muito pequena, será subjugada? Não. Prefiro mostrar a partir de agora[33] como é possível reunir a potência de um

---

[32] Adotar nos países frios o luxo e a indolência dos orientais é querer prender-se em grilhões; é submeter-se ainda mais necessariamente que eles. (N. A.)

[33] Foi isso que me propus fazer na continuação desta obra, quando, tratando das relações exteriores, cheguei às confederações. Matéria inteiramente nova, para a qual os princípios devem ser estabelecidos. (N. A.)

grande povo com o governo benigno e a boa ordem de um pequeno Estado.

Capítulo XVI
A instituição do governo não é um contrato

O poder legislativo uma vez bem estabelecido, trata-se de estabelecer do mesmo modo o poder executivo; pois este último, que não age senão por atos particulares, não sendo a essência do outro, está dele naturalmente separado. Se fosse possível que o soberano, considerado como tal, tivesse a potência executiva, o direito e o fato seriam de tal forma confundidos que não se saberia mais o que é a lei e o que não é, e o corpo político assim deformado seria imediatamente presa para a violência contra a qual foi instituído.

Os cidadãos sendo todos iguais pelo contrato social, o que todos devem fazer, todos podem prescrevê-lo, ao passo que ninguém tem o direito de exigir que outro faça o que ele próprio não faz. Ora, é justamente esse direito, indispensável para fazer viver e morrer o corpo político, que o soberano dá ao príncipe ao instituir o governo.

Muitos fingiram que o ato desse estabelecimento era um contrato entre o povo e os líderes que ele designa; contrato pelo qual estipula-se entre as duas partes as condições sob as quais um se obrigaria a comandar e o outro a obedecer. Concordar-se-á, tenho certeza, que é uma estranha maneira de contratar! Mas vejamos se essa opinião é sustentável.

Em primeiro lugar, a autoridade suprema não pode mais se modificar sem se alienar; limitá-la é destruí-la. É absurdo e contraditório que o soberano se reconheça um superior; obrigar-se a obedecer a um senhor é retornar à primitiva liberdade.

Além do mais, é evidente que esse contrato do povo com tais ou tais pessoas será um ato particular. Disso se segue que esse contrato não poderia ser uma lei nem um ato de soberania e, por consequência, seria ilegítimo.

Vê-se também que as partes contratantes estariam entre si sob a única lei de natureza e sem nenhuma garantia de suas responsabilidades recíprocas, o que é, de todos os modos, adverso ao estado civil. Sendo aquele que tem a força nas mãos sempre o senhor da execução, seria possível dar o nome de contrato ao ato de um homem que diria a outro: "eu vos dou todos os meus bens, desde que vós me devolvais o que quiserdes".

Não há senão um contrato no Estado: é o da associação; e este somente exclui todos os outros. Não se poderia imaginar nenhum contrato público que fosse uma violação do primeiro.

Capítulo XVII
Da instituição do governo

Sob qual ideia deve-se então conceber o ato pelo qual o governo é instituído? Observarei, de início, que esse ato é complexo ou composto de dois outros, a saber, o estabelecimento da lei e sua execução.

Pelo primeiro, o soberano estatui que haveria um corpo de governo estabelecido sob tal ou tal forma; e é claro que esse ato é uma lei.

Em segundo lugar, o povo nomeia os chefes que se encarregarão do governo estabelecido. Ora, essa nomeação sendo um ato particular não é uma segunda lei, mas somente uma consequência da primeira e uma função do governo.

A dificuldade é entender como se pode ter um ato de governo antes que o governo exista e como o povo, que não é senão soberano ou sujeito, pode tornar-se príncipe ou magistrado em certas circunstâncias.

É ainda aqui que se descobre uma dessas impressionantes propriedades do corpo político, que concilia operações contraditórias em aparência. Pois esta ocorre por uma conversão súbita da soberania em democracia, de modo que, sem nenhuma mudança sensível, e somente por uma nova relação de todos com todos, os cidadãos tornados magistrados passam dos atos gerais aos atos particulares, e da lei à execução.

Essa mudança de relação não é, de forma alguma, uma sutileza da especulação sem exemplo na prática: ocorre todos os dias no parlamento da Inglaterra, no qual a Câmara Baixa em certas ocasiões se transforma, de corte soberana que era no instante anterior, em grande comitê, para melhor discutir os negócios, tornando-se, dessa forma, simples comissão; de tal sorte que ela volta, em seguida, a si mesma como Câmara dos Comuns disso que ela quer regulamentar como grande comitê, e delibera novamente, sob um título, o que já resolvera sob outro.

Tal é a vantagem própria ao governo democrático de poder ser estabelecido de fato por um simples ato da vontade geral. Depois, esse governo permanece no poder se tal é a forma adotada ou estabelece em nome do soberano o governo prescrito pela lei, e tudo se encontra assim na regra. Não é possível instituir o governo de nenhuma outra maneira legítima, e sem renunciar aos princípios aqui estabelecidos.

Capítulo XVIII
Meio de prevenir as usurpações do governo

A partir desses esclarecimentos, decorre, em confirmação ao capítulo XVI, que o ato que institui o governo não é, de forma alguma, um contrato, mas uma lei, que os depositários da potência executiva não são, de modo algum, os senhores do povo, mas suas autoridades, que o povo pode estabelecê-los e destituí-los quando lhe aprouver, que não se trata em absoluto para eles de contratar, mas de obedecer, e que, ao se encarregar das funções que o Estado lhe impõe, não fazem senão cumprir seu dever de cidadãos, sem ter, de forma alguma, o direito de questionar suas condições.

Quando, portanto, ocorre que o povo institui um governo hereditário, seja monárquico em uma família, seja aristocrático em uma ordem de cidadãos, não é, em absoluto, uma responsabilidade que ele assume; é uma forma provisória que dá à administração até que decida organizá-la de modo diferente.

É verdade que essas modificações são sempre perigosas, e que não se deve jamais tocar no governo estabelecido quando ele se torna incompatível com o bem público; mas essa circunspecção é uma máxima política e não uma regra de direito, e o Estado não é mais obrigado a deixar a autoridade civil a seus líderes do que é obrigado a deixar a autoridade militar a seus generais.

É verdade também que não se poderia observar, em tal caso, com muita atenção todas as formalidades necessárias para distinguir um ato regular e legítimo de um tumulto sedicioso, e a vontade de todos os clamores de uma facção. É aqui, sobretudo, que não se deve dar senão ao caso odioso o que não se pode recusar em todo o rigor do direito, e é também dessa obrigação que o príncipe retira uma grande vantagem para conservar sua potência malgrado o povo, sem que se possa dizer que ele o usurpou. Porque, ao parecer utilizar somente seus direitos, é, para ele, extremamente fácil ampliá-los, e impedir sob o pretexto da tranquilidade pública as assembleias destinadas a restabelecer a boa ordem; de modo que ele prevalece sobre um silêncio que ele mesmo impede que se rompa, ou sobre irregularidades que se deve cometer, para supor em seu favor o consentimento daqueles que o temor silencia, e para punir aqueles que ousam falar. É assim que os decênviros tendo sido, primeiro, eleitos por um ano, depois, continuando por outro ano, tentaram manter perpetuamente seu poder, ao não permitir mais aos comícios que se reunissem; e é por esse fácil meio que todos os governos do mundo, uma vez revestidos da força pública, usurpam, cedo ou tarde, a autoridade soberana.

As assembleias periódicas das quais falei anteriormente são próprias para prevenir ou diferenciar esse dano, sobretudo quando não há necessidade de convocação formal: pois o príncipe não poderia impedi-las sem se declarar abertamente infrator das leis e inimigo do Estado.

A abertura dessas assembleias, que não têm por objeto senão a manutenção do tratado social, sempre se deve fazer por duas proposições, que não podemos jamais suprimir, e que passam separadamente pelos sufrágios.

A primeira: se agrada ao soberano conservar a presente forma do governo.

A segunda: se agrada ao povo deixar a administração aos que atualmente são encarregados dela.

Suponho aqui isto que creio ter demonstrado, a saber, que não há no Estado nenhuma lei fundamental que não possa ser revogada, nem mesmo o pacto social; pois, se todos os cidadãos se reunissem para romper esse pacto de comum acordo, não se pode duvidar que seria muito legitimamente rompido. Grotius pensa mesmo que cada um pode renunciar ao Estado do qual é membro, e retomar sua liberdade natural e seus bens ao sair do país.[34] Ora, seria absurdo que todos os cidadãos reunidos não pudessem fazer isso que cada um deles pode separadamente.

Fim do livro terceiro

[34] Contanto, é claro, que não se abandone o dever e se dispense de servir à pátria no momento em que ela necessita de nós. A fuga então seria criminosa e passível de punição; isso não seria mais retirada, mas deserção. (N. A.)

Livro quarto

Capítulo I
A vontade geral é indestrutível

À medida que certo número de homens reunidos se considera como um só corpo, eles não têm senão uma só vontade, que diz respeito à conservação comum e ao bem-estar em geral. Então, todos os recursos do Estado são vigorosos e simples, suas máximas são claras e luminosas, não há interesses confusos nem contraditórios, o bem comum se mostra com evidência por toda parte e não exige senão bom senso para ser percebido. A paz, a união, a igualdade são inimigas das sutilezas políticas. Os homens retos e simples são difíceis de ser enganados por causa de sua simplicidade, as tentações e os pretextos refinados não os impressionam; eles não são nem mesmo suficientemente capazes de ser ingênuos. Quando vemos entre o povo mais feliz do mundo grupos de camponeses regularem os negócios do Estado sob um carvalho e se conduzirem sempre com sabedoria, pode-se impedir de desprezar os refinamentos das outras nações, que se tornam ilustres e miseráveis com tanta arte e mistérios?

Um Estado assim governado carece de muito poucas leis e, à medida que se torna necessário promulgar novas, essa necessidade é vista universalmente. O primeiro que as propõe diz apenas o que todos já sentiram, e não é uma questão nem de facções nem de eloquência tornar lei o que cada um já resolveu fazer, ao passo que será certo que os outros o farão como ele.

O que engana os teóricos é que, vendo apenas Estados mal constituídos desde a origem, ficam estupefatos com a impossibilidade de manter uma política semelhante. Eles riem ao imaginar todas as loucuras com que um tratante engenhoso, um orador insinuante poderia persuadir o povo de Paris ou de Londres. Não sabem que Cromwell teria sido agrilhoado pelo povo de Berna, e o duque de Beaufort, disciplinado pelos genoveses.

Mas quando o nó social começa a se afrouxar e o Estado a se enfraquecer, quando os interesses particulares começam a se fazer sentir e as pequenas sociedades a influenciar a grande, o interesse comum se modifica e encontra opostos, a unanimidade não reina mais nas vozes, a vontade geral não é mais vontade de todos, sobrevêm contradições, debates, e a melhor opinião não é aceita sem disputas.

Enfim, é quando o Estado, próximo de sua ruína, não subsiste senão por uma forma ilusória e vã, que o vínculo social é rompido em todos os corações, que o mais vil interesse se protege impudentemente do nome sagrado do bem público, a vontade geral se torna então muda, e todos, guiados por motivos secretos, não opinam mais como cidadãos, tal como se o Estado não tivesse jamais existido, e se faz passar falsamente sob o nome de leis decretos iníquos que têm por objetivo somente o interesse particular.

Segue-se disso que a vontade geral seja aniquilada ou corrompida? Não, ela é sempre constante, inalterável e pura, mas é subordinada a outras que se sobrepõem a ela. Cada um, afastando seu interesse do interesse comum, vê bem que não pode separá-lo, mas sua parte do mal público não lhe parece nada em comparação com o bem exclusivo do qual ele pretende apropriar-se. Esse bem particular excetuado, cada um quer o bem geral por seu próprio interesse tão fortemente quanto qualquer outro o quereria. Mesmo ao vender seu sufrágio por dinheiro, não se extingue nele a vontade geral, ele a desvia. A falta que comete é modificar o estado da questão e responder outra coisa ao que lhe é perguntado; de modo que, em lugar de dizer por meio de seu sufrágio: É vantajoso para o Estado, ele diz: É vantajoso para tal homem ou para tal partido que tal ou tal moção passe. Dessa forma, a lei da ordem pública nas assembleias não é tanto manter a vontade geral quanto fazer que ela seja sempre interrogada e que sempre responda.

Fiz até aqui reflexões sobre o mero direito de votar em todo ato de soberania; direito que nada pode privar aos cidadãos;

e sobre o de opinar, de propor, de divisar, de debater, que o governo sempre tem grande cuidado de não permitir senão a seus membros; mas esta importante matéria exigiria um tratado à parte, e não posso dizer tudo neste.

CAPÍTULO II
DOS SUFRÁGIOS

No capítulo precedente, vê-se que a maneira pela qual são tratados os negócios gerais pode indicar um índice suficientemente confiável do estado atual dos costumes, e da santidade do corpo político. Quanto mais a harmonia reina nas assembleias, isto é, quanto mais os votos se aproximam da unanimidade, mais também a vontade geral é dominante; mas os longos debates, as dissensões, o tumulto anunciam a ascensão dos interesses particulares e o declínio do Estado.

Isso parece menos evidente quando duas ou mais ordens entram em sua constituição, como houve em Roma com os patrícios e os plebeus, cujas querelas prejudicaram com frequência os comícios, mesmo nos mais belos tempos da República; mas essa exceção é mais aparente que real; pois então pelo vício inerente ao corpo político tem-se, por assim dizer, dois Estados em um; o que não é verdadeiro sobre os dois juntos é verdadeiro sobre cada um em separado. E, com efeito, na mesma época, os mais furiosos plebiscitos do povo, quando o Senado não interferia, passavam sempre tranquilamente e com grande pluralidade dos sufrágios. Os cidadãos não tendo senão um único interesse, o povo não tendo mais que uma única vontade.

No outro extremo do círculo, a unanimidade retorna. É quando os cidadãos que recaem na servidão não têm mais nem liberdade nem vontade. Então o temor e a lisonja transformam os sufrágios em aclamações; não se delibera mais: adora-se ou se maldiz. Tal era a vil maneira de opinar do Senado sob os imperadores. Algumas vezes, isso se fazia com precauções ridículas: Tácito observa que, sob o reinado de Oto, os senadores, cobrindo Vitélio de execrações, queriam fazer, ao mesmo tempo, um ruído assustador, a fim de que, se por acaso este se tornasse o senhor, não pudesse saber o que cada um deles havia dito.

Dessas diversas considerações nascem as máximas sobre as quais se deve regulamentar a maneira de contar as vozes e comparar os votos, conforme a vontade geral seja mais ou menos fácil de conhecer, e o Estado mais ou menos declinante.

Não há uma única lei que, por sua natureza, não exija um consentimento unânime. É o pacto social: pois a associação civil é o ato mais voluntário do mundo; todo homem nascido livre e senhor de si mesmo nada pode, sob qualquer pretexto que isto possa ocorrer, submetê-lo sem seu consentimento. Decidir que o filho de um escravo nasce escravo é decidir que não nasce homem.

Se, portanto, no momento do pacto social, são encontrados opositores, sua oposição não invalida o contrato, impede somente que sejam incluídos nele; são os estrangeiros entre os cidadãos. Quando o Estado é instituído, o consentimento está na residência; habitar o território é submeter-se à soberania.[35]

Fora desse contrato primitivo, a voz do maior número obriga sempre todos os outros; é uma consequência do próprio contrato. Mas pergunta-se como um homem pode ser livre, e forçado a se conformar às vontades que não são a sua. Como os opositores são livres e sujeitos às leis que eles não consentiram?

Respondo que a pergunta é mal colocada. O cidadão consente com todas as leis, mesmo aquelas que são aprovadas malgrado ele, e mesmo aquelas que o punem quando ele ousa violar uma delas. A vontade constante de todos os membros do Estado é a vontade geral e é por meio dela que eles são cidadãos e livres.[36] Quando se propõe uma lei na assembleia

---

[35] Isso sempre deve ser compreendido de um Estado livre; pois, caso contrário, a família, os bens, a falta [*défaut*] de asilo, a necessidade, a violência podem manter um habitante no país malgrado sua vontade, e então sua residência somente não supõe mais seu consentimento ao contrato ou à violação do contrato. (N. A.)

[36] Em Gênova, lê-se diante das prisões e sob os grilhões [*sur les fers*] das prisões [*galériens*] esta palavra: *Libertas*. Essa aplicação

do povo, o que se pergunta não é precisamente se ela aprova a proposição ou se a rejeita, mas se a lei é conforme ou não à vontade geral; cada um, ao dar seu sufrágio, diz seu voto, e do cálculo das vozes se extrai a declaração da vontade geral. Quando, portanto, o voto contrário ao meu prevalece, isto não demonstra outra coisa senão que eu me enganei, e que o que eu considerava ser a vontade geral não o é. Se meu voto particular prevalecesse, eu teria feito outra coisa que não o que queria, e então não teria sido livre.

Isso supõe, é verdade, que todos os caracteres da vontade geral estão também na pluralidade: quando deixam de estar, para qualquer partido que se tome, não há mais liberdade.

Ao demonstrar anteriormente como se substituiria as vontades particulares pela vontade geral nas deliberações públicas, indiquei suficientemente os meios praticáveis para prevenir esse abuso; falarei deles ainda. Em relação ao número proporcional dos sufrágios para declarar essa vontade, também dei os princípios sobre os quais se pode determiná-lo. A diferença de uma única voz rompe a igualdade, um só opositor rompe a unanimidade; mas entre a unanimidade e a igualdade, há muitas divisões desiguais, a cada um deles pode-se fixar esse número segundo o estado e as necessidades do corpo político.

Duas máximas gerais podem servir para regulamentar essas relações: uma é que quanto mais as deliberações são importantes e graves, mais o voto que prevalece deve aproximar-se da unanimidade; o outro é que quanto mais os negócios dominantes exijam celeridade, mais se deve limitar a diferença prescrita na divisão dos votos; nas deliberações que se deve decidir imediatamente, o excedente de uma única voz deve bastar. A primeira dessas máximas parece mais conveniente

---

da divisa é bela e justa. Com efeito, não há senão malfeitores de todos os estados que impedem o cidadão de ser livre. Em um país no qual todas essas pessoas estivessem nas prisões, desfrutar-se-ia da mais perfeita liberdade. (N. A.)

às leis, e a segunda aos negócios. Seja como for, é sobre sua combinação que se estabelecem as melhores relações sobre as quais se pode dar à pluralidade pronunciar.

Capítulo III
Das eleições

Em relação às eleições dos príncipes e dos magistrados, que são, como já afirmei, atos complexos, há duas vias de procedimento, a saber, a escolha e o sorteio. Uma e outra foram utilizadas em diversas repúblicas, e vemos também atualmente uma mescla complicada das duas na eleição do doge de Veneza.

"O sufrágio por sorteio", diz Montesquieu, "é da natureza da democracia". Concordo, mas como isso se dá? "O sorteio", continua ele, "é um modo de eleger que não aflige ninguém; deixa a cada cidadão uma esperança razoável de servir à pátria". Mas não são essas as razões.

Se atentarmos para o fato de que a eleição dos chefes é uma função do governo e não da soberania, veremos por que a via do sorteio é mais próxima da natureza da democracia, na qual a administração é tanto melhor quando os atos são menos multiplicados.

Em toda democracia verdadeira, a magistratura não é uma vantagem, mas uma carga onerosa, que não se pode justamente impor mais a um particular que a outro. Somente a lei pode impor essa carga àquele sobre o qual o sorteio recairá. Pois então, a condição sendo igual para todos, e a escolha não dependendo de nenhuma vontade humana, não há em absoluto aplicação particular que altere a universalidade da lei.

Na aristocracia, o príncipe escolhe o príncipe, o governo se conserva por si mesmo, e é aí que os sufrágios são bem estabelecidos.

O exemplo da eleição do doge de Veneza confirma essa distinção, longe de destruí-la. Essa forma mesclada convém a um governo misto. Pois é um erro tomar o governo de Veneza por uma verdadeira aristocracia. Se o povo não tem parte alguma no governo, a nobreza ali é ela mesma o povo. Uma multidão de pobres barnabotes[37] não se aproxima jamais de nenhuma magistratura, e não tem de sua nobreza senão o vão título de Excelência e o direito de assistir ao Grande Conselho. Esse Grande Conselho sendo tão numeroso quanto nosso Conselho geral em Genebra, seus ilustres membros não têm mais privilégios que nossos simples cidadãos. É certo que, deixando de lado a extrema disparidade das duas repúblicas, a burguesia de Genebra representa exatamente o patriciado veneziano, nossos nativos e habitantes representam os citadinos e o povo de Veneza, nossos camponeses representam os súditos da terra firme: enfim, de qualquer maneira que se considere essa república, abstraída sua grandeza, seu governo não é mais aristocrático que o nosso. Toda a diferença é que, não tendo nenhum chefe vitalício, não temos a mesma necessidade do sorteio.

As eleições por sorteio teriam pouco inconveniente em uma verdadeira democracia, na qual, tudo sendo igual, tanto pelos costumes e pelos talentos quanto pelas máximas e pela fortuna, a escolha tornar-se-ia praticamente indiferente. Mas eu já disse que não há em absoluto democracia verdadeira.

Quando a escolha e o sorteio encontram-se mesclados, o primeiro deve substituir os postos que exigem talentos próprios, tais como os usos militares; o outro convém àquelas nas quais bastam o bom senso, a justiça, a integridade, tais como os ofícios judiciais; pois em um Estado bem constituído essas qualidades são comuns a todos os cidadãos.

Nem o sorteio nem os sufrágios têm nenhum lugar no governo monárquico. O monarca sendo de direito somente príncipe e magistrado único, a escolha de seus ajudantes não cabe senão a ele. Quando o abade de Saint-Pierre propôs multiplicar os conselhos do rei da França e eleger seus membros por escrutínio, ele não via que propunha modificar a forma de governo.

---

[37] Em italiano, *barnabotti*, o termo se refere a São Barnabé, região de Veneza onde moravam os mais pobres no final do período republicano. (N. E.)

Restar-me-ia falar da maneira de dar e recolher os votos na assembleia do povo; mas talvez o histórico da política romana a esse respeito explique de modo mais claro todas as máximas que eu poderia estabelecer. Não é indigno de um leitor judicioso ver um pouco em detalhe como se tratavam os negócios públicos e particulares em um conselho de duzentos mil homens.

Capítulo IV
Os comícios romanos

Não temos monumentos confiáveis dos primeiros tempos de Roma; há mesmo grande probabilidade de que a maior parte das coisas que se anunciam seja fábula;[38] e, em geral, a parte mais instrutiva dos anais dos povos, a saber, a história de seu estabelecimento, é a que nos faz mais falta. A experiência nos ensina todos os dias de quais causas nascem as revoluções dos impérios; mas, como não se formam mais os povos, não temos senão conjecturas para explicar como eles se formaram.

Os usos que se encontram estabelecidos atestam, ao menos, que haveria uma origem desses usos. As tradições que remontam às origens, e que apoiam as maiores autoridades mais do que confirmam as mais fortes razões, devem ser aceitas como as mais certas. Eis as máximas que tentei seguir ao investigar como o povo mais livre e mais poderoso da Terra exercia seu poder supremo.

Após a fundação de Roma, a República nascente, a saber, o exército do fundador, composto por albanos, sabinos e estrangeiros, foi dividido em três classes, que, a partir dessa divisão, recebem o nome de tribos. Cada uma dessas tribos foi dividida em dez cúrias, e cada cúria em decúrias, à frente das quais estão os chefes chamados curiões e decuriões.

---

[38] O nome de Roma, que se acredita derivar de Rômulo, é grego e significa força; o nome de Numa também é grego e significa lei. Qual a probabilidade de que os dois primeiros reis dessa cidade também tenham tido nomes relacionados ao que fizeram? (N. A.)

Além disso, tira-se de cada tribo um corpo de cem cavaleiros, chamado centúria: por isso vê-se que essas divisões, pouco necessárias em um burgo, seriam somente, a princípio, militares. Mas parece que um instinto de grandeza levou a pequena cidade de Roma a montar, primeiramente, uma polícia conveniente à capital do mundo.

Dessa primeira divisão resultou logo um inconveniente. É que a tribo dos albanos[39] e a dos sabinos[40] permanecendo sempre no mesmo estado, enquanto a dos estrangeiros[41] crescia sem cessar pelo perpétuo concurso destes, o último não tardaria a ultrapassar os dois outros. O remédio que Sérvio encontraria para esse perigoso abuso foi modificar a divisão, e substituir a das raças, que aboliu, por outra, tirada dos locais da cidade ocupados por cada tribo. Em lugar de três tribos, fez quatro, cada uma das quais ocupava uma das colinas de Roma e trazia seu nome. Remediando, dessa forma, a desigualdade presente, ele a preveniu ainda para o futuro; e para que essa divisão não fosse somente de locais, mas de homens, ele proibiu aos habitantes de um quarteirão de passar para outro, o que impedia que as raças se confundissem.

Ele dobrou também as três antigas centúrias de cavalaria e acrescentou outras doze, mas sempre sob os antigos nomes; meio simples e judicioso pelo qual terminou de distinguir o corpo dos cavaleiros do da população, sem que fizesse esta última murmurar.

A essas quatro tribos urbanas, Sérvio acrescentou outras quinze, denominadas rústicas, pois eram formadas por habitantes do campo divididos em tantos cantões. Em seguida, criaram-se novas tribos, e o povo romano se encontrou dividido em trinta e cinco tribos, assim permanecendo até o fim da República.

Dessa distinção das tribos da cidade e das tribos do interior resultou um efeito digno de ser observado, pois não há em absoluto outro exemplo, e Roma lhe deveu a um só

---

[39] *Ramnenses*. (N. A.)
[40] *Tatienses*. (N. A.)
[41] *Luceres*. (N. A.)

tempo a preservação de seus costumes e o crescimento de seu império. Crer-se-ia que as tribos urbanas se arrogassem em pouco tempo o poder e as honras e não tardassem em rebaixar as tribos rurais; ocorreu o contrário. Conhece-se o gosto dos primeiros romanos pela vida campestre. Esse gosto lhes vinha do sábio fundador que uniu à liberdade os trabalhos rurais e militares, e relegou, por assim dizer, à cidade as artes, o comércio, a intriga, a fortuna e a escravidão.

Dessa forma, vivendo tudo o que Roma tinha de ilustre nos campos e cultivando a terra, acostumou-se a buscar somente aí os defensores da República. Esse estado sendo o dos mais dignos patrícios foi honrado por todo o mundo: preferiu-se a vida simples e laboriosa dos aldeões à vida indolente dos burgueses de Roma, e um proletário infeliz na cidade não foi senão aquele que, trabalhando nos campos, tornou-se um cidadão respeitável. Não deixa de haver razão, dizia Varro, que nossos magnânimos ancestrais estabelecessem na aldeia o berçário desses robustos e valorosos homens que a defenderiam em termos de guerra e a alimentariam na época de paz. Plínio diz positivamente que as tribos dos campos eram honradas por causa dos homens que as compunham; enquanto que transferia por ignomínia para a cidade os indignos que se queria desgraçar. O sabino Ápio Cláudio tendo-se estabelecido em Roma foi coberto de honras e inscrito em uma tribo rústica que tomou, em seguida, como o nome de sua família. Enfim, os libertos entraram todos nas tribos urbanas, nunca nas rurais; e não há, durante toda a República, um único exemplo de algum desses libertos pertencendo a alguma magistratura, embora haja aquele tornado cidadão.

Essa máxima era excelente; mas foi levada tão longe que resultou, por fim, em mudança e certamente em abuso no governo. Em primeiro lugar, os censores, após se terem arrogado por muito tempo o direito de transferir arbitrariamente os cidadãos de uma tribo a outra, permitiram à maioria se inscrever na que mais lhes agradava; permissão que certamente não era boa para ninguém, e proibia um dos grandes recursos da censura. Além disso, os grandes e poderosos se inscreviam nas tribos do interior, e os libertos tornados cidadãos permaneceram com o populacho nas da cidade, as tribos, em geral, não tendo nem local nem território; mas todas se encontrando de tal forma mescladas que não se podia mais discernir os membros de cada uma senão por meio de registros, de sorte que a ideia da palavra tribo passava assim do real ao pessoal ou, antes, tornava-se praticamente uma quimera.

Ocorreu ainda que as tribos da cidade, estando mais próximas, seriam, frequentemente, as mais fortes nos comícios, e venderiam o Estado àquelas que desdenhavam comprar os sufrágios da multidão que as compunha.

Em relação às cúrias, o fundador tendo criado dez em cada tribo, todo o povo romano então fechado no interior dos muros da cidade se encontraria composto por trinta cúrias, das quais cada uma tinha seus templos, seus deuses, suas autoridades, seus sacerdotes e suas festas denominadas *compitalia*, semelhantes às *paganalia* que tiveram em seguida as tribos rústicas.

Na nova divisão de Sérvio, esse número de trinta não podia ser dividido igualmente entre suas quatro tribos, ele não queria sequer tocar nelas, e as cúrias independentes das tribos tornaram-se uma outra divisão dos habitantes de Roma. Mas não foi de modo algum questão de cúrias nem nas tribos rústicas nem no povo que as compunha, pois as tribos tornando-se uma instituição puramente civil, e uma outra política tendo sido introduzida para a cobrança das tropas, as divisões militares de Rômulo se tornariam supérfluas. Dessa forma, embora todo cidadão fosse inscrito em uma tribo, estava-se longe de cada um estar inscrito em uma cúria.

Sérvio realizou também uma terceira divisão que não teria nenhuma ligação com as duas anteriores e se tornou, por suas consequências, a mais importante de todas. Ele distribuiu o povo romano em seis classes, que não distinguia pelo local nem pelos homens, mas pelos bens. De modo que as primeiras classes eram compostas por ricos, as últimas pelos pobres, e as intermediárias por aqueles que desfrutassem de uma fortuna mediana. Essas seis classes eram subdivididas em 193 outros corpos denominados centúrias, e esses corpos eram distribuídos de tal forma que a primeira classe englobava sozinha mais da metade, e a última formava uma só. Ocorreu assim que a classe com menor número de homens era a com maior número de centúrias, e que a última classe inteira não era contada senão como uma subdivisão, muito embora incluísse sozinha mais da metade dos habitantes de Roma.

Para que o povo discernisse menos as consequências dessa última forma, Sérvio tratou de lhe dar um ar militar: introduziu na segunda classe duas centúrias de armeiros, e duas de instrumentos de guerra na quarta. Em cada classe, excetuando-se a última, distinguiu jovens e velhos, a saber, os que pela idade eram isentos segundo a legislação; distinção que mais que a dos bens produziu a necessidade de recomeçar com frequência o censo. Enfim, queria que a assembleia ocorresse no Campo de Marte, e que todos os que tivessem idade para servir se reunissem ali com suas armas.

A razão pela qual ele não seguiu na última classe essa mesma divisão de jovens e velhos é que não era concedida em absoluto ao populacho, da qual ela era composta, a honra de portar armas pela pátria; era necessário ter lares próprios para obter o direito de defendê-la, e dessas numerosas tropas de pedintes, nas quais hoje brilham as armas dos reis, não há uma, talvez, que não tenha sido banida com desdém por uma coorte romana, quando os soldados eram os defensores da liberdade.

Distinguem-se também, no entanto, na última classe os proletários dos que se denominavam *capite censi*.[42] Os primeiros não foram de fato reduzidos a nada, forneciam ao menos cidadãos ao Estado, algumas vezes até mesmo soldados em caso de necessidade urgente. Os que não tinham absolutamente nada e que não podiam ser contados senão pela quantidade, eram de fato considerados nulos, e Mário foi o primeiro que concedeu alistá-los.

Sem decidir aqui se essa terceira enumeração foi boa ou má em si mesma, creio poder afirmar que ela só é possível por causa dos costumes dos primeiros romanos, seu desinteresse,

---

[42] Do latim, termo remete ao censo feito no século VI a. C. em Roma e significa literalmente "contados por cabeça". (N. E.)

seu gosto pela agricultura, seu desprezo pelo comércio e pelo ardor do ganho que podem torná-lo praticável. Onde está o povo moderno ao qual a avidez devoradora, o espírito inquieto, a intriga, os contínuos deslocamentos, as revoluções perpétuas das fortunas poderiam fazer durar vinte anos tal instituição sem subverter o Estado inteiro? Deve-se antes observar que os costumes e a censura, mais fortes que essa instituição, corrigiram o vício em Roma, e que um homem rico se viu relegado à classe dos pobres, por ter exibido sua riqueza.

De tudo isso, pode-se compreender facilmente por que ele praticamente jamais fez menção senão a cinco classes, embora fossem realmente seis. A sexta, não fornecendo nem soldados ao exército nem votantes ao Campo de Marte[43] e não sendo praticamente de nenhuma utilidade na República, era raramente contada para alguma coisa.

Tais foram as diferentes divisões do povo romano. Vejamos agora o efeito que produziram nas assembleias. Essas assembleias legitimamente convocadas se denominavam comícios, ocorriam normalmente na praça de Roma no Campo de Marte, e se distinguiam em comícios por cúrias, comícios por centúrias e comícios por tribos, segundo aquela dessas três formas sobre as quais eram ordenados: os comícios por cúrias eram de instituição de Rômulo, os por centúrias, de Sérvio, os por tribos, das tribunas do povo. Nenhuma lei recebia a sanção, nenhum magistrado era eleito senão nos comícios, e como não havia nenhum cidadão que não estivesse inscrito em uma cúria, em uma centúria, ou em uma tribo, segue-se que nenhum cidadão era excluído do direito de sufrágio, e que o povo romano era verdadeiramente soberano de direito e de fato.

Para que os comícios fossem legitimamente reunidos e para que o que se fazia neles tivesse força de lei, eram necessárias

---

[43] Digo no Campo de Marte, pois era aí que se reuniam os comícios por centúria; nas duas outras formas o povo se reunia no fórum ou em outra parte, e então os *capite censi* tinham tanta influência e autoridade quanto os primeiros cidadãos. (N. A.)

três condições: a primeira, que o corpo ou o magistrado que os convocasse fosse investido para isso com a autoridade necessária; a segunda, que a assembleia ocorresse em um dos dias permitidos pela lei; a terceira, que os augúrios fossem favoráveis.

A razão da primeira regra não tem necessidade de ser explicada. A segunda é uma questão de política; dessa forma, não seria permitido haver comícios nos dias de feriados e de mercado, quando os habitantes do campo que vinham a Roma por causa de seus negócios não teriam tempo de passar o dia em praça pública. Por meio do terceiro, o Senado mantinha sob seu jugo um povo orgulhoso e turbulento, e atenuava adequadamente o ardor dos tribunos sediciosos; mas estes encontrariam mais de um meio de se livrar dessa limitação.

As leis e a eleição dos chefes não eram os únicos pontos submetidos ao juízo dos comícios. O povo romano tendo usurpado as mais importantes funções do governo, pode-se dizer que o destino da Europa era regulado em suas assembleias. Essa variedade de objetos dava lugar às diversas formas que tomavam as assembleias de acordo com as questões que elas deviam decidir.

Para julgar essas diversas formas, bastava compará-las. Rômulo, ao instituir as cúrias, tinha em mente limitar o Senado pelo povo e o povo pelo Senado, dominando igualmente a todos. Dava, portanto, ao povo, por meio dessa forma, a autoridade do número para equilibrar a potência e as riquezas que deixava aos patrícios. Mas, segundo o espírito da monarquia, deixava, porém, mais vantagem aos patrícios pela influência de seus clientes sobre a pluralidade dos sufrágios. Essa admirável instituição dos patronos e dos clientes foi uma obra-prima de política e humanidade, sem a qual o patriciado, tão contrário ao espírito da República, não teria podido sobreviver. Roma apenas teve a honra de dar ao mundo esse belo exemplo, do qual jamais resultaram abusos, e que, no entanto, jamais foi seguido.

Essa mesma forma das cúrias tendo subsistido sob os reis até Sérvio, e o reinado do último Tarquínio não sendo em absoluto considerado legítimo, isso fez que se distinguisse em geral as leis reais pelo nome de *leges curiatae*.

Sob a República, as cúrias, sempre limitadas às quatro tribos urbanas, e não contentando mais senão ao populacho de Roma, não podiam convir nem ao Senado, que estava à frente dos patrícios, nem aos tribunos, que, embora plebeus, estavam à frente dos cidadãos de classe média. Elas caem, portanto, em descrédito, e sua degradação foi tal que seus trinta lictores reunidos faziam o que os comícios por cúrias deveriam ter feito.

A divisão por centúrias era tão favorável à aristocracia que não se via inicialmente como o Senado prevalecia sempre nos comícios que traziam esse nome, e por meio dos quais eram eleitos os cônsules, os censores e os outros magistrados. Com efeito, de 193 centúrias que constituíam as seis classes de todo o povo romano, a primeira classe compreendia 98, e os votos não se contavam senão por centúrias, esta primeira classe sozinha prevalecia em número de votos sobre todas as outras. Quando todas as suas centúrias estavam de acordo, não se continuava a recolher os sufrágios; o que fora decidido pelo menor número passava por uma decisão da multidão, e podia-se dizer que nos comícios por centúrias as questões se regulavam mais pela pluralidade das moedas do que pela dos votos.

Mas essa autoridade extrema era atenuada por dois meios. Primeiro, os tribunos ordinariamente, e sempre um grande número de plebeus, pertencendo à classe dos ricos, equilibravam o crédito dos patrícios nessa primeira classe.

O segundo meio consistia em que, em vez de fazer primeiro votar as centúrias segundo sua ordem, o que sempre teria feito começar pela primeira, tirava-se a sorte, e esta[44] procedia sozinha à eleição; após o que todas as centúrias convocadas em outro dia, de acordo com sua colocação, repetiam a mesma eleição e a confirmavam ordinariamente. Retirava-se assim da colocação a autoridade do exemplo para concedê-la ao destino, segundo o princípio da democracia.

---

[44] Esta centúria assim escolhida por sorteio se denominava *praerogativa*, graças ao fato de ser a primeira à qual se perguntava seu sufrágio, e daí veio a palavra prerrogativa. (N. A.)

Resultava desse uso também outra vantagem: os cidadãos da campanha teriam tempo entre as duas eleições de se informar sobre o mérito do candidato provisoriamente nomeado, a fim de não dar seu voto sem conhecimento de causa. Porém, sob o pretexto de celeridade, acabou-se por abolir esse uso, e as duas eleições passaram a ser feitas no mesmo dia.

Os comícios por tribos eram propriamente o conselho do povo romano. Eles eram convocados apenas pelos tribunos; neles, os tribunos eram eleitos e aprovavam seus plebiscitos. Não apenas o Senado neles não tinha em absoluto nenhum *status*, como também não tinha nem mesmo o direito de participar, e era forçado a obedecer a leis sobre as quais não tinha podido votar; os senadores, nesse sentido, eram menos livres que os cidadãos inferiores. Essa injustiça bastou para invalidar os decretos de um corpo no qual todos os seus membros não eram admitidos. Embora todos os patrícios tivessem assistido a esses comícios de acordo com o direito que tinham como cidadãos, tornando-se então simples particulares, dificilmente eles teriam influenciado de alguma forma os sufrágios que se recolhia por cabeça, na qual a maioria proletária podia tanto quanto o príncipe do Senado.

Vê-se, portanto, que, além da ordem que resultava dessas diversas distribuições para o recolhimento dos sufrágios de um povo tão numeroso, essas distribuições não se reduziam a formas indiferentes em si mesmas, mas cada uma tinha efeitos relativos aos quais eram escolhidas.

Sem entrar em detalhes mais extensos, resulta dos esclarecimentos precedentes que os comícios por tribos eram os mais favoráveis ao governo popular, e os comícios por centúrias, à aristocracia. Em relação aos comícios por cúrias nos quais somente o populacho de Roma compunha a pluralidade, como eles não eram bons senão para favorecer a tirania e os maus desejos, deveriam cair em descrédito, os próprios sediciosos se abstendo de um meio que revelava demasiado seus projetos. É certo que toda a majestade do povo romano não se encontrava senão nos comícios por centúrias, que eram os únicos completos; pois nos comícios por cúrias faltavam as tribos rurais e nos comícios por tribos, o Senado e os patrícios.

Quanto à maneira de recolher os sufrágios, era, entre os primeiros romanos, tão simples quanto seus costumes, embora menos simples que em Esparta. Cada um dava seu voto em voz alta, uma autoridade os escrevia; a pluralidade de votos em cada tribo determinava o sufrágio da tribo, a pluralidade de votos entre as tribos determinava o sufrágio do povo, e, portanto, das cúrias e das centúrias. Esse uso era bom enquanto a honestidade reinava entre os cidadãos e cada um tinha vergonha de dar seu sufrágio publicamente a um voto injusto ou a um homem indigno; mas quando o povo se corrompeu e os votos foram comprados, convinha que eles o fizessem em segredo para desafiar os compradores, e dar o meio de não serem considerados traidores.

Afirmo que Cícero critica essa mudança e atribui em parte a ela a ruína da República. No entanto, embora sinta o peso que deve ter aqui a autoridade de Cícero, não posso ser de sua opinião. Penso, ao contrário, que, por não se ter feito muitas mudanças semelhantes, acelerou-se a queda do Estado. Como o regime das pessoas sãs não é apropriado aos doentes, não se deve querer governar um povo corrompido com as mesmas leis que convêm a um bom povo. Nada demonstra melhor essa máxima que a duração da República de Veneza, cujo simulacro existe ainda pela única razão de que suas leis não se adequam senão a homens asquerosos.

Portanto, eram distribuídas aos cidadãos tabuletas pelas quais cada um podia votar sem que se soubesse sua opinião. Também foram estabelecidas novas formalidades para o recolhimento das tabuletas, contagem dos votos, comparação de números, etc. O que não impedia que a fidelidade das autoridades encarregadas dessas funções[45] fosse com frequência posta em suspeita. Enfim, éditos, cuja enorme quantidade demonstra sua inutilidade, foram elaborados para impedir a intriga e o tráfico dos sufrágios.

Perto dos últimos tempos, com frequência houve necessidade de recorrer a expedientes extraordinários para

---

[45] *Custodes, Distributores* (Edição de 1782: *Diribitores*), *Rogatores suffragiorum*. (N. A.)

superar a insuficiência das leis. Algumas vezes, supunham-se prodígios; mas esse meio, que podia impor ao povo, não impunha àqueles que o governavam; algumas vezes, se convocava bruscamente uma assembleia antes que os candidatos tivessem tempo de fazer suas intrigas; algumas vezes, se consumia toda uma sessão quando se via o povo prestes a tomar um mau partido. Mas enfim a ambição eludia a tudo; e o que há de incrível é que em meio a tantos abusos essa população imensa, em favor de seus antigos regulamentos, não permitia eleger os magistrados, aprovar as leis, julgar as causas, expedir os negócios particulares e públicos com tanta facilidade quanto poderia tê-lo feito o próprio Senado.

Capítulo V
Da tribuna

Quando não se pode estabelecer uma proporção exata entre as partes constitutivas do Estado, ou quando causas indestrutíveis modificam sem cessar suas relações, então se institui uma magistratura particular que não é incorporada às outras, que recoloca cada termo em sua relação verdadeira, e que faz o papel de uma ligação ou de um meio-termo seja entre o príncipe e o povo, seja entre o príncipe e o soberano, seja, a um só tempo, dos dois lados, se for necessário.

Esse corpo, que eu chamarei tribuna, é quem conserva as leis e o poder legislativo. Algumas vezes, serve para proteger o soberano contra o governo, como em Roma faziam os tribunos do povo, algumas vezes, serve para apoiar o governo contra o povo, como faz atualmente em Veneza o Conselho dos Dez e, algumas vezes, serve para manter o equilíbrio de um lado e de outro, como faziam os éforos em Esparta.

O tribunal não é em absoluto uma parte constitutiva da cidade, e não deve ter nenhuma porção do poder legislativo nem do executivo, mas é nisso mesmo que a sua parte é maior: pois sem poder fazer nada pode tudo impedir. É mais sagrado e reverenciado enquanto defensor das leis do que o príncipe que as executa e o soberano que as faz. Foi isso que se viu bem claramente em Roma quando esses orgulhosos patrícios, que sempre desprezaram todo o povo, foram forçados a se curvar perante uma mera autoridade do povo, que não tinha nem auspícios nem jurisdição.

O tribunal sabiamente comedido é o mais firme apoio de uma boa constituição; mas por menos força que tenha inverte tudo. Em relação à fraqueza, ela não está na natureza e, desde que seja alguma coisa, nunca é menos do que o necessário.

Degenera em tirania quando usurpa o poder executivo do qual é moderador e deseja dispensar as leis que deve somente proteger. O imenso poder dos éforos, que não representou perigo, porque Esparta conservava seus costumes, acelerou a corrupção iniciada. O sangue de Agis assassinado por esses tiranos foi vingado por seu sucessor: o crime e o castigo dos éforos apressaram da mesma forma a perda da República, e, após Cleomene, Esparta não foi mais nada. Roma perece também pela mesma via, e o poder excessivo dos tribunos usurpado gradativamente serviu, enfim, com auxílio das leis feitas para a liberdade, para salvaguardar os imperadores que a destruiriam. Quanto ao Conselho dos Dez, em Veneza, é um tribunal de sangue, horrível na mesma medida aos patrícios e ao povo, e que, longe de proteger as leis, não serve mais, após seu aviltamento, do que para projetar nas trevas golpes que não se ousa perceber.

O tribunal se enfraquece como o governo pela multiplicação de seus membros. Quando os tribunos do povo romano, inicialmente dois, mais tarde, cinco, preferiram dobrar esse número, o Senado lhes permitiu, certo de controlar uns pelos outros; o que não deixou de ocorrer.

O melhor meio de prevenir as usurpações de um tão formidável corpo, meio pelo qual nenhum governo tirou proveito até agora, seria não tornar esse corpo permanente, mas regular os intervalos durante os quais permaneceria suprimido. Esses intervalos, que não devem ser demasiado grandes para permitir que os abusos cresçam, podem ser estabelecidos pela lei, de maneira que seja facultado abreviá-los em caso de necessidade, por comissões extraordinárias.

Esse meio me parece sem inconveniente, pois, como já afirmei, o tribunal, não fazendo em absoluto parte da constituição, pode ser retirado sem que ela com isso sofra; e me parece eficaz, pois um magistrado recentemente estabelecido não parte em absoluto do poder que tinha seu predecessor, mas do poder que a lei lhe oferece.

Capítulo VI
Da ditadura

A inflexibilidade das leis que as impede de se dobrarem aos eventos pode, em certos casos, torná-las perniciosas e causar a ruína do Estado em crise. A ordem e a lentidão das formas necessitam do tempo que as circunstâncias recusam, algumas vezes. Podem apresentar-se mil casos que o legislador não tenha previsto, e é uma previdência muito necessária sentir que não se pode prever tudo.

Não se deve, portanto, querer estabelecer as instituições políticas até se retirar o poder de suspender seu efeito. A própria Esparta deixou suas leis dormirem.

Mas só há maiores perigos que possam contrabalançar o de modificar a ordem pública, e não se deve jamais deter o poder sagrado das leis senão quando se trata da saúde da pátria. Nesses casos raros e manifestos, cabe à segurança pública por um ato particular que a confia seu cuidado ao mais digno. Essa comissão pode dar-se de duas maneiras segundo a espécie do perigo.

Se para remediar basta aumentar a atividade do governo, concentra-o em um ou dois de seus membros. Assim, não é a autoridade das leis que se altera, mas somente a forma de sua administração. Se o perigo é tal que o aparelho das leis seja um obstáculo à sua garantia, então nomeia um líder supremo que pode silenciar todas as leis e suspender por um momento a autoridade soberana; em tal caso, a vontade geral não é duvidosa, e é evidente que a primeira intenção do povo é que o Estado não pereça. Dessa maneira, a suspensão da autoridade legislativa não a abole de modo algum; o magistrado que a fizer silenciar não pode fazê-la falar, ele a domina sem poder representá-la; pode tudo fazer, exceto leis.

O primeiro meio foi empregado pelo Senado romano quando pediu aos cônsules uma fórmula consagrada de poder para a segurança da República; o segundo ocorreu quando um dos dois cônsules nomeava um ditador;[46] uso cujo Alba deu exemplo em Roma.

No princípio da República utilizou-se com muita frequência o recurso da ditadura, pois o Estado não tinha ainda uma fundação muito firme para poder sustentar-se pela força de sua constituição.

Os costumes tornando assim supérfluas as precauções que pudessem ter sido necessárias em outros tempos, não se temia que um ditador abusasse de sua autoridade nem que tentasse mantê-la além do prazo. Parecia, ao contrário, que um poder tão grande devesse ser um fardo àquele que fosse investido, tanto mais ele se apressava para dele se livrar; como se fosse uma função extremamente árdua e extremamente perigosa tomar o lugar das leis!

Portanto, não é o perigo do abuso, mas o do aviltamento que torna vergonhoso o uso imoderado dessa suprema magistratura nos primeiros tempos. Pois, à medida que era utilizada livremente nas eleições, honrarias, em coisas de pura formalidade, dever-se-ia temer que ela não se tornasse menos formidável em caso de necessidade, e que não se acostumasse a considerar como um título vão esse que se empregava somente em vãs cerimônias.

Perto do fim da República, os romanos, tornados mais circunspectos, usaram a ditadura com tão pouco discernimento quanto tinham anteriormente sido pródigos nela. Era fácil ver que seu temor era infundado, que a fraqueza da capital fazia então sua segurança contra os magistrados que ela tinha em seu seio, que um ditador podia, em certos casos, defender a liberdade pública sem jamais atentar contra ela, e

---

[46] Essa indicação se fazia à noite e em segredo, como se se tivesse tido vergonha de pôr um homem acima das leis. (N. A.)

que os grilhões de Roma não seriam forjados em absoluto na própria Roma, mas em seus exércitos: a pouca resistência que fizeram Mário a Sila, e Pompeu a César, demonstrou muito bem o que se podia esperar da autoridade de fora contra a força de dentro.

Esse deslize os fez cometer grandes erros. Tais, por exemplo, foram não ter nomeado um ditador na questão de Catilina; pois, como era somente questão interna da cidade e, além disso, de uma determinada província da Itália, com a autoridade ilimitada que as leis davam ao ditador, ele teria facilmente dissipado a conjuração, que não teria sido suprimida senão por meio do concurso de acasos felizes que jamais a prudência humana poderia prever.

Em lugar disso, o Senado se contentou em confiar todo seu poder aos cônsules; disso resultou que Cícero, para agir com eficácia, foi obrigado a exceder esse poder em um ponto capital, e, se os primeiros transportes de alegria fizeram aprovar sua conduta, foi com justiça que, em seguida, dar-se-iam conta do sangue dos cidadãos derramado contra as leis; reprovação que não se podia fazer a um ditador. Mas a eloquência do cônsul dominou tudo; e ele mesmo, embora romano, amava mais sua glória que a pátria, não buscou meio mais legítimo e certo de salvar o Estado que obter toda a honra dessa questão.[47] Também foi honrado justamente como libertador de Roma, e justamente punido como infrator das leis. Por mais brilhante que tenha sido seu apelo, é certo que foi uma graça.

De resto, de qualquer maneira que essa importante comissão seja conferida, importa estabelecer a duração em um prazo extremamente curto que jamais possa ser prolongado; nas crises que exigem seu estabelecimento, o Estado é imediatamente destruído ou salvo e, passada a necessidade premente, a ditadura torna-se tirânica ou vã. Em Roma, os ditadores não o sendo senão por seis meses, a maioria abdicou antes

---

[47] É isso que ele não podia assegurar ao propor um ditador, não ousando nomear-se a si mesmo e não podendo ter certeza de que seu colega o nomearia. (N. A.)

do termo. Se o termo fosse mais longo, talvez se sentissem tentados a prolongá-lo também, como o fizeram os decênviros com o termo de um ano. O ditador não tinha senão o tempo de prover a necessidade pela qual fora eleito, não tinha tempo de sonhar com outros projetos.

Capítulo VII
Da censura

Da mesma forma que a declaração da vontade geral se faz pela lei, a declaração do juízo público se faz pela censura; a opinião pública é a espécie de lei da qual o censor é o ministro, e que não faz senão aplicar aos casos particulares, a exemplo do príncipe.

Longe, portanto, de ser o tribunal árbitro da opinião do povo, é apenas o declarante, e, no momento em que ele se afasta, suas decisões são vãs e inócuas.

É inútil distinguir os costumes de uma nação dos objetos de sua estima; pois tudo isso se atém ao mesmo princípio e se confunde necessariamente. Em todos os povos do mundo não é a natureza, mas a opinião que decide a escolha de seus prazeres. Reforme as opiniões dos homens e seus costumes se purificarão por si mesmos. Ama-se sempre o que é belo ou o que se considera como tal, é sobre tal juízo que surge o engano; de modo que é tal juízo que se deve regular. Quem julga os costumes julga a honra, e quem julga a honra toma sua lei da opinião.

As opiniões de um povo nascem de sua constituição; embora a lei não regule os costumes, é a legislação que faz que nasçam; quando a legislação se enfraquece, os costumes degeneram, mas então o juízo dos censores não fará o que a força das leis não tiver feito.

Segue-se que a censura pode ser útil para conservar os costumes, jamais para restabelecê-los. Instituam censores durante a vigência das leis; assim que elas o perderem, tudo estará acabado; nada legítimo tem mais força quando as leis não têm.

A censura mantém os costumes impedindo que as opiniões se corrompam, conservando sua integridade por meio de sábias aplicações, algumas vezes até as fixando quando são ainda incertas. O uso de "segundos" nos duelos, levado ao furor no reino da França, foi abolido por estas únicas palavras de um édito do rei: "Quanto aos que são covardes para chamar os segundos". Esse juízo antecipando o do público o determina imediatamente. Mas quando os mesmos éditos quiseram declarar que era também uma covardia bater-se em duelo, o que é verdade, mas contrário à opinião comum, o público ridicularizou essa decisão sobre a qual seu juízo já estava formado.

Eu já disse alhures[48] que a opinião pública não sendo em absoluto submetida a constrangimento, não haveria nenhum vestígio no tribunal estabelecido para representá-la. Não se pode deixar de admirar com que arte esse recurso, inteiramente perdido entre os modernos, foi posto em ação entre os romanos e mais ainda entre os lacedemônios.

Um homem de maus costumes tendo proposto uma boa medida no Conselho de Esparta, os éforos, sem levá-la em conta, propuseram a mesma medida por intermédio de um cidadão virtuoso. Que honra para um, que vergonha para o outro, sem ter feito nem elogio nem censura a nenhum dos dois! Certos bêbados de Samos[49] contaminam o tribunal dos éforos: no dia seguinte, por édito público, os samositas tiveram permissão para serem os vilões. Um verdadeiro castigo teria sido menos severo que semelhante impunidade. Quando Esparta se pronunciou sobre o que era ou não honesto, a Grécia não recorreu a seus juízos.

---

[48] Limito-me a indicar neste capítulo o que já tratei na *Carta ao Sr. d'Alembert*. (N. A.)

[49] Edição de 1782: "Eram de uma outra ilha (Quio) que a delicadeza de nossa língua impede de nomear nesta ocasião." (N. A.)

Capítulo VIII
Da religião civil

Os homens não tiveram em absoluto outros reis senão os deuses nem outro governo além do teocrático. Eles fizeram o raciocínio de Calígula, e então raciocinaram de modo justo. Seria necessária uma longa alteração de sentimentos e ideias para que se pudesse decidir tomar seu semelhante por senhor e convencer-se de que nisso se encontraria um bem.

Do simples fato de que se pusesse Deus à frente de cada sociedade política segue-se que haveria tantos deuses quantas pessoas. Dois povos estranhos um ao outro, e quase sempre inimigos, não poderiam reconhecer durante muito tempo um mesmo senhor: dois exércitos envolvidos na batalha não saberiam obedecer ao mesmo chefe. Dessa forma, das divisões nacionais resultou o politeísmo, e daí resultou a intolerância teológica e civil, que naturalmente é a mesma, como será dito mais adiante.

A fantasia que tinham os gregos de reencontrar seus deuses nos povos bárbaros adveio do fato de que tinham também de se considerar como soberanos naturais desses povos. Mas atualmente uma erudição bem ridícula gira sobre a identidade dos deuses de diversas nações; como se Moloch, Saturno e Cronos pudessem ser o mesmo deus; como se Baal, dos fenícios, Zeus, dos gregos, e Júpiter, dos latinos, pudessem ser o mesmo; como se pudesse restar qualquer coisa comum a seres quiméricos com nomes diferentes!

E se se perguntar como no paganismo, no qual cada Estado tinha seu culto e seus deuses, não havia guerras de religião? Respondo que era por isso mesmo que cada Estado, tendo seu culto próprio, bem como seu próprio governo, não distinguia seus deuses de suas leis. A guerra política era também teológica: as alçadas dos deuses eram, por assim dizer, fixadas pelos limites das nações. O deus de um povo não tinha nenhum direito sobre os outros povos. Os deuses não eram deuses ciumentos; dividiam entre eles o império do mundo: o próprio Moisés e o povo hebreu se prestavam, algumas vezes, a essa ideia ao falar do Deus de Israel. Consideravam, é verdade, como nulos os deuses dos cananeus, povos proscritos, voltados à destruição, dos quais deviam ocupar o lugar; mais veja como falavam das divindades dos povos vizinhos que lhes era proibido atacar! "A posse disso que pertencia a Chamos, vosso Deus", dizia Jefté aos amanitas, "não vos é legitimamente devida? Possuímos pelo mesmo título as terras que nosso deus vencedor conquistou".[50] Havia aí, parece, uma paridade bem reconhecida entre os direitos de Chamos e os do Deus de Israel.

Mas, quando os judeus, submetidos aos reis da Babilônia e em seguida aos reis da Síria, queriam obstinar-se em não reconhecer nenhum outro deus além do seu, essa recusa, considerada como uma rebelião contra o vencedor, lhes lançou as perseguições que se lê em sua história, e do que não se vê outro exemplo antes do cristianismo.[51]

Cada religião sendo, portanto, unicamente ligada às leis do Estado que a prescrevia, não havia em absoluto outra maneira de converter um povo senão subjugá-lo, nem outros missionários senão os conquistadores e, sendo a obrigação de mudar de culto a lei dos vencidos, deveria, antes de falar sobre isso, começar por conquistar. Longe de os homens combaterem pelos deuses, eram, como em Homero, os deuses que combatiam pelos homens; cada um exigindo ao seu a vitória, e pagando-a com novos altares. Os romanos, antes de tomar um lugar, exigiam que os deuses dali fossem embora, e quando deixaram aos tarentinos seus deuses irritados, é que consideravam então esses deuses como submetidos a eles e forçados a prestar-lhes homenagem: deixaram seus deuses

---

[50] "*Nonne ea quae possidet Chamos deus tuus tibi jure debentur?*" Tal é o texto da Vulgata. O padre de Carrières traduziu: "Não crieis ter direito de possuir vosso Deus o que pertence a Chamos?" Ignoro a força do texto hebraico, mas vejo que na Vulgata Jefté reconhece positivamente o direito do deus Chamos, e que o tradutor francês enfraqueceu este reconhecimento por um segundo vós que não existe no texto latino. (N. A.)

[51] É a última evidência de que a guerra dos fócios chamada guerra sagrada não teria sido senão uma guerra de religião. Ela tinha por objeto punir sacrilégios e não submeter os descrentes. (N. A.)

para os vencidos como eles lhes deixariam os deles. Uma coroa de Júpiter do Capitólio era com frequência o único tributo que impunham.

Enfim os romanos tendo ampliado com seu império seu culto e seus deuses, e tendo com frequência eles mesmos adotado os dos vencedores, admitindo a uns e outros o direito de Cidade, os povos desse vasto império terminaram tendo, sem que se percebesse, multidões de deuses e de cultos, pouco a pouco os mesmos por toda parte; e eis como o paganismo tornou-se, enfim, conhecido no mundo como uma única e mesma religião.

Foi nessas circunstâncias que Jesus veio estabelecer na Terra um reino espiritual; o que, separando o sistema teológico do sistema político, fez que o Estado deixasse de ser um, e causasse as divisões intestinas que jamais deixaram de agitar os povos cristãos. Ora, essa ideia nova de um reino do outro mundo não pôde jamais entrar na mente dos pagãos, que consideravam sempre os cristãos verdadeiros rebeldes que, sob uma submissão hipócrita, não buscavam senão o momento de se tornarem independentes e senhores, e de usurpar a autoridade que dissimulavam respeitar em sua fraqueza. Tal foi a causa das perseguições.

O que os pagãos temiam chegou; então tudo mudou de face, os humildes cristãos mudaram de língua e imediatamente viu-se esse suposto reino do outro mundo tornar-se, sob um líder visível, o mais violento despotismo deste mundo.

No entanto, como sempre existiram um príncipe e leis civis, resultou dessa dupla potência um eterno conflito de jurisdição que tornou toda boa *politia* impossível nos Estados cristãos, e jamais se pôde saber a qual se era obrigado a obedecer , ao senhor ou ao sacerdote.

Muitos povos, no entanto, mesmo na Europa ou em sua vizinhança, quiseram conservar ou restabelecer o antigo sistema, sem sucesso porém; o espírito do cristianismo conquistou tudo. O culto sagrado sempre permaneceu, manteve-se independente do soberano e sem ligação necessária com o corpo do Estado. Maomé teve visões muito sãs, ele lia bem seu sistema político, e, portanto, a forma de seu governo subsistiu sob os califas, seus sucessores, esse governo foi exatamente um, e bom nisso. Mas quando os árabes se tornaram florescentes, letrados, foram subjugados pelos bárbaros; então a divisão entre as duas potências recomeçou; embora fosse menos aparente entre os maometanos do que entre os cristãos, ela o foi, sobretudo, na seita de Ali, e há Estados, tais como o persa, em que ela não deixa de ser sentida.

Entre nós, os reis da Inglaterra se estabeleceram como chefes da Igreja; mas por meio desse título eles se tornam menos senhores do que os ministros; adquiriram menos o direito de mudá-la do que o poder de mantê-la. Não são seus legisladores, não são senão príncipes. Onde o clero formou um corpo,[52] é senhor e legislador, de sua parte. Há, portanto, duas potências, dois soberanos, na Inglaterra e na Rússia, assim como em toda parte.

De todos os autores cristãos, o filósofo Hobbes é o único que viu o mal e o remédio, que ousou propor reunir as duas cabeças da águia, e tudo remeter à unidade política, sem a qual jamais Estado nem governo serão bem constituídos. Mas deve-se ver que o espírito dominador do cristianismo era incompatível com seu sistema, e que o interesse do padre seria sempre mais forte que o do Estado. Não foi tanto o que há de horrível e falso em sua política quanto o que há de justo e verdadeiro que a tornou odiosa.[53]

---

[52] Deve-se observar que não são tantas assembleias formais, como as da França, que unem o clero em um corpo, senão a comunhão das Igrejas. A comunhão e a excomunhão são o pacto social do clero, pacto pelo qual ele sempre será senhor dos povos e dos reis. Todos os sacerdotes que se comunicam juntos são concidadãos, dos dois extremos do mundo. Essa invenção é uma obra-prima política. Não havia nada de semelhante entre os sacerdotes pagãos; também jamais teriam feito um corpo do clero. (N. A.)

[53] Vejam, entre outras, em uma carta de Grotius a seu irmão, de 11 de abril de 1643, o que esse homem sábio aprova e o que reprova no livro *De Cive*. É verdade que, inclinado à indulgência, parece perdoar ao autor o bem em favor do mal, mas o mundo inteiro não é tão clemente. (N.A.)

Creio que, ao desenvolver desse ponto de vista os fatos históricos, refutar-se-á facilmente os sentimentos opostos de Bayle e de Warburton, dos quais, um entende que nenhuma religião é útil ao corpo político, e outro afirma, ao contrário, que o cristianismo é o apoio mais firme. Demonstrar-se-á ao primeiro que jamais Estado nenhum foi fundado sem religião que lhe servisse de base, e ao segundo que a lei cristã é, no fundo, mais prejudicial do que útil à forte constituição do Estado.

Para terminar de me fazer entender, não se deve deixar de oferecer um pouco mais de precisão às ideias extremamente vagas sobre religião relativas ao meu tema.

A religião considerada em relação à sociedade, que é ou geral ou particular, pode também dividir-se em duas espécies, a saber, a religião do homem e a do cidadão. A primeira, sem templos, sem altares, sem ritos, limitada ao culto puramente interior do deus supremo e aos deveres eternos da moral, é a pura e simples religião do Evangelho, o verdadeiro teísmo, e o que se pode chamar o direito divino natural. A outra, inscrita em um único país, lhe dá seus deuses, seus padroeiros próprios e tutelares: ela tem seus dogmas, seus ritos, seu culto exterior prescrito pelas leis; fora da única nação que a segue, tudo é para ela infiel estrangeiro, bárbaro; ela não se estende aos deveres e aos direitos do homem tão longe quanto seus altares. Tais foram todas as religiões dos primeiros povos, aos quais se pode dar o nome de direito divino civil ou positivo.

Há um terceiro tipo de religião mais bizarro que, ao oferecer aos homens duas legislações, dois chefes, duas pátrias, submete-os aos deveres contraditórios e os impede de poder ser, ao mesmo tempo, devotos e cidadãos. Tal é a religião dos lamas, tal é a dos japoneses, tal é o cristianismo romano. Pode-se chamar esta de religião do Padre. Resulta dela um tipo de direito misto e antissocial que não tem nome algum.

Considerando esses três tipos de religiões, do ponto de vista político, todas elas têm seus defeitos. A terceira é tão evidentemente má que é perda de tempo divertir-se demonstrando-a. Tudo isso que rompe a unidade social não vale nada. Todas as instituições que põem o homem em contradição consigo mesmo não valem nada.

A segunda é boa no fato de reunir o culto divino ao amor das leis, e, ao fazer da pátria objeto de adoração dos cidadãos, ela lhes ensina que servir o Estado é servir o deus tutelar. É uma espécie de teocracia, na qual não se tem em absoluto outro pontífice além do príncipe, nem outros sacerdotes além dos magistrados. Então morrer por seu país é ir para o martírio, violar as leis é ser ímpio, e submeter um culpado à execração pública é submetê-lo à ira dos deuses; *sacer estod* [maldito seja].

Mas ela é má porque, sendo fundada sobre o erro e a mentira, engana os homens, torna-os crédulos, supersticiosos, e obscurece o verdadeiro culto da divindade em um cerimonial vão. Ela é má também quando, tornando-se exclusiva e tirânica, torna um povo sanguinário e intolerante; de sorte que não respira senão assassinato e massacre, e crê realizar uma ação sagrada ao matar quem quer que não aceite seus deuses. Isso põe o povo em um estado natural de guerra com todos os outros, muito prejudicial à própria segurança.

Resta, portanto, a religião do homem ou o cristianismo, não o de hoje, mas o do Evangelho, que é completamente diferente. Por essa religião sagrada, sublime, verdadeira, os homens, filhos do mesmo Deus, se reconhecem todos como irmãos, e a sociedade que os une não se dissolve, mesmo após a morte.

Mas essa religião, não tendo nenhuma relação particular com o corpo político, deixa às leis a única força que tiram de si mesmas sem lhes acrescentar outra, e por isso um dos grandes vínculos da sociedade particular permanece inócuo. Mais ainda, longe de unir os corações dos cidadãos ao Estado, ela os dissolve como a todas as coisas terrenas: não conheço nada de mais contrário ao espírito social.

Dizem-nos que uma população de cristãos verdadeiros constituiria a mais perfeita sociedade que se pudesse imaginar. Não vejo nessa hipótese senão uma grande dificuldade: que uma sociedade de cristãos verdadeiros não seria mais uma sociedade de homens.

Digo ainda mais: que essa suposta sociedade não seria em toda sua perfeição nem a mais forte nem a mais durável.

Por força de ser perfeita, faltaria ligação; seu vício destruidor estaria na própria perfeição.

Cada um cumpriria seu dever; o povo estaria submetido às leis, os chefes seriam justos e moderados, os magistrados, íntegros, incorruptíveis, os soldados desprezariam a morte, não haveria vaidade nem luxo; tudo isso está muito bem, mas vejamos mais longe.

O cristianismo é uma religião totalmente espiritual, ocupada unicamente com as coisas celestes: a pátria do cristão não é deste mundo. Ele cumpre seu dever, é verdade, mas o faz com uma profunda indiferença em relação ao bom ou mau sucesso de suas providências. Desde que não haja algo a reprovar, pouco importa que tudo esteja bem ou mal aqui embaixo. Se o Estado é florescente, ousa desfrutar da felicidade pública, teme orgulhar-se da glória de seu país; se o Estado perece, bendiz a mão de Deus que pesa sobre seu povo.

Para que a sociedade fosse pacífica e a harmonia se mantivesse, seria necessário que os cidadãos, sem exceção, fossem igualmente bons cristãos. Mas se infelizmente entre eles encontra um único ambicioso, um único hipócrita, um Catilina, por exemplo, um Cromwell, este certamente faria o que bem entendesse com seus piedosos compatriotas. A caridade cristã não permite facilmente pensar mal do próximo. Desde que esse indivíduo tenha descoberto, por qualquer arte, a dominar e garantir uma parte da autoridade pública, eis um homem constituído de dignidade; Deus quer que seja respeitado; imediatamente eis uma potência; Deus quer que seja obedecido; o depositário dessa potência abusa dela? Teriam escrúpulos em perseguir o usurpador, seria necessário perturbar o repouso público, usar de violência, derramar sangue; tudo isso combina mal com a doçura do cristão; e, depois de tudo, o que importa ser livre ou servo neste vale de misérias? O essencial é entrar no paraíso, e a resignação não é senão um meio a mais para isso.

E se ocorrer alguma guerra estrangeira? Os cidadãos marcham ao combate; nenhum entre eles pensa em fugir; cumprem seu dever, mas sem paixão pela vitória; sabem mais morrer do que vencer. Que importa se são vencedores ou vencidos? A providência não sabe melhor que eles o que lhes cabe? Imagine qual partido um inimigo feroz, impetuoso, apaixonado pode tirar de seu estoicismo! Ponham face a face esses povos generosos que são consumidos pelo amor ardente da glória e da pátria, suponhamos vossa república cristã face a face com Esparta ou Roma; os piedosos cristãos serão abatidos, esmagados, destruídos antes de terem tido tempo de se reconhecerem, ou deverão sua saúde somente ao desprezo que o inimigo guardará para eles. Era um belo juramento dos soldados de Fábio; não juravam morrer nem vencer, juravam voltar vencedores, e mantinham seu juramento: nunca os cristãos fariam tal coisa; acreditariam estar tentando Deus.

Mas me engano ao falar de uma república cristã; cada uma dessas duas palavras exclui a outra. O cristianismo não prega senão a servidão e dependência. Seu espírito é muito favorável à tirania para disso não se valer sempre. Os verdadeiros cristãos são feitos para serem escravos; eles o sabem e não se agitam por causa disso; esta curta vida tem muito pouco valor aos olhos deles.

As tropas cristãs são excelentes, nos dizem. Eu o nego. Quanto a mim, não conheço de modo algum tropas cristãs. Citar-me-ão as Cruzadas. Sem discutir o valor das Cruzadas, observo que estão bem longe de ser cristãs, eram os soldados do sacerdócio, eram os cidadãos da Igreja; eles se batiam por seu país espiritual, que ela reduzira à temporalidade não se sabe como. A bem da verdade, isso nos remete ao paganismo; como o Evangelho não estabeleceu em absoluto uma religião nacional, toda guerra sagrada é impossível entre os cristãos.

Com os imperadores pagãos, os soldados cristãos eram bravos; todos os autores cristãos afirmam isso, e eu acredito: era uma imitação de honra contra as tropas pagãs. Desde que os imperadores fossem cristãos essa imitação não mais subsistia, e, quando a cruz tivesse perseguido a águia, todo o valor romano despareceria.

Mas, deixando de lado as considerações políticas, voltemos ao direito, e estabeleçamos os princípios sobre este ponto importante. O direito que o pacto social dá ao soberano sobre os súditos não ultrapassa, de forma alguma, como já mencionei, os limites da utilidade pública.[54] Os súditos, portanto, não devem contas ao soberano de suas opiniões senão quando essas opiniões importam à comunidade. Ou importa antes ao Estado que cada cidadão tenha uma religião que o faça amar seus deveres; mas os dogmas dessa religião não interessam nem ao Estado nem a seus membros, salvo quando esses dogmas se referem à moral e aos deveres que quem a professa cumpre em relação a outros. Cada um pode ter, além disso, as opiniões que lhe agradar, sem que caiba ao soberano conhecê-las. Pois, como não tem competência no outro mundo, a sorte dos súditos na vida futura não é negócio seu, desde que sejam bons cidadãos nesta.

Há, portanto, uma profissão de fé puramente civil à qual cabe ao soberano fixar os artigos, não precisamente como dogmas de religião, mas como sentimentos de sociabilidade, sem os quais é impossível ser bom cidadão ou súdito fiel.[55] Sem poder obrigar a pessoa a crer neles, pode-se banir do Estado quem quer que não creia; pode-se bani-lo, não como ímpio, mas como insociável, como incapaz de amar sinceramente as leis, a justiça, e de imolar, se necessitar, sua vida ao seu dever. Se qualquer um, após ter reconhecido publicamente esses mesmos dogmas, se conduz como se não acreditasse neles, que seja punido com a morte; cometeu os maiores crimes, mentiu perante as leis.

---

[54] Na República, afirma o M(arquês) d'A(rgenson), cada um é perfeitamente livre nisso desde que não prejudique os outros. Eis o limite invariável, não se pode colocá-lo com mais precisão. Não posso recusar-me ao prazer de citar, algumas vezes, esse manuscrito desconhecido do público, para honrar a memória de um homem ilustre e respeitável, que havia conservado até no ministério o coração de um verdadeiro cidadão, e suas opiniões retas e sãs sobre o governo de seu país. (N. A.)

[55] César, pleiteando por Catilina, tentou estabelecer o dogma da mortalidade da alma. Catão e Cícero, para refutá-lo, não se distraíram de modo algum filosofando: eles se contentariam em mostrar que César falava como um mau cidadão e avançava uma doutrina perniciosa ao Estado. Com efeito, eis sobre o que deveria julgar o Senado de Roma, e não sobre uma questão de teologia. (N. A.)

Os dogmas da religião civil devem ser simples, em pequeno número, enunciados com precisão sem explicações nem comentários. A existência da divindade poderosa, inteligente, beneficente, onisciente, a vida futura, a felicidade dos justos, o castigo dos maus, a santidade do contrato social e das leis, eis os dogmas positivos. Quanto aos dogmas negativos, limito-os a um só; é a intolerância: ela pertence aos cultos que excluímos.

Os que distinguem a intolerância civil e a intolerância teológica se enganam, a meu ver. Essas duas intolerâncias são inseparáveis. É impossível viver em paz com as pessoas que se creem danadas; amá-las será odiar o Deus que as castigou; é absolutamente necessário convertê-las ou castigá-las. Onde a intolerância teológica é admitida, é impossível que ela não tenha efeito civil;[56] e, desde que o tenha, o soberano não é mais soberano, mesmo em negócios seculares: a partir desse momento, os sacerdotes são os verdadeiros senhores; os reis são apenas suas autoridades.

Agora que não há mais nem pode haver religião nacional exclusiva, deve-se tolerar todas aquelas que toleram as outras, sempre que seus dogmas não tenham nada contrário aos deveres do cidadão. Mas qualquer um que ouse dizer: "fora da

---

[56] O casamento, por exemplo, sendo um contrato civil, tem efeitos civis sem os quais é mesmo impossível que a sociedade subsista. Suponhamos então que um clérigo se arrogue o direito de atribuir somente a si a aprovação desse ato; direito que ele deve necessariamente usurpar em toda religião intolerante. Então, não está claro que, ao fazer valer a respeito da autoridade da Igreja, tornará vã a do príncipe, que não terá mais súditos senão os que o clero quiser oferecer-lhe. Senhor para casar ou não casar as pessoas, segundo tenham ou não tenham tal ou tal doutrina, segundo elas admitam ou rejeitem tal ou tal formulário, segundo elas lhe sejam mais ou menos dedicadas, conduzindo-se prudentemente e mantendo-se firmes, não está claro que disporá apenas das heranças, dos ofícios, dos cidadãos, do Estado mesmo, que não subsistiria se não fosse composto somente por bastardos? Mas, dir-se-á, chamamos de abuso. Que pena! Não é, parece-me, um grande sacrifício abandonar uma parte quando se tem certeza de tomar posse do todo. (N. A.)

Igreja não há salvação", deve ser banido do Estado; a menos que o Estado seja a Igreja, e que o príncipe seja o pontífice. Este dogma não é bom senão em um governo teocrático, em outro é pernicioso. A razão pela qual se diz que Henrique IV abraçou a religião romana deveria fazer que a abandonasse todo homem honesto, e, sobretudo, todo príncipe que soubesse raciocinar.

Capítulo IX
Conclusão

Depois de apresentar os princípios verdadeiros do direito político e decidido a fundar o Estado sobre sua base, restará apoiá-lo por suas relações externas; o que compreenderia o direito das pessoas, o comércio, o direito da guerra e as conquistas, o direito público, as ligas, as negociações, os tratados, etc. Mas tudo isso constitui um novo objeto muito amplo para minha curta visão; deveria fixá-la sempre mais perto de mim.

Fim do livro quatro

Sobre a tradutora

Ana Resende nasceu no Rio de Janeiro. É jornalista e mestre em Comunicação Social pela ECO/UFRJ e mestre e doutoranda em Filosofia pela UERJ. Suas pesquisas buscam relacionar a ética e a estética, e estão voltadas, sobretudo, para o Romantismo e o Idealismo alemães e sua herança europeia. Traduziu autores como Friedrich Hölderlin, Novalis e Friedrich Schiller. *Do contrato social* é sua primeira tradução pela Editora Martin Claret.

Relação dos Volumes Publicados

1. Dom Casmurro
Machado de Assis
2. O Príncipe
Maquiavel
3. Mensagem
Fernando Pessoa
4. O Lobo do Mar
Jack London
5. A Arte da Prudência
Baltasar Gracián
6. Iracema / Cinco Minutos
José de Alencar
7. Inocência
Visconde de Taunay
8. A Mulher de 30 Anos
Honoré de Balzac
9. A Moreninha
Joaquim Manuel de Macedo
10. A Escrava Isaura
Bernardo Guimarães
11. As Viagens - "Il Milione"
Marco Polo
12. O Retrato de Dorian Gray
Oscar Wilde
13. A Volta ao Mundo em 80 Dias
Júlio Verne
14. A Carne
Júlio Ribeiro
15. Amor de Perdição
Camilo Castelo Branco
16. Sonetos
Luís de Camões
17. O Guarani
José de Alencar
18. Memórias Póstumas de Brás Cubas
Machado de Assis
19. Lira dos Vinte Anos
Álvares de Azevedo
20. Apologia de Sócrates / Banquete
Platão
21. A Metamorfose/Um Artista da Fome/Carta ao Pai
Franz Kafka
22. Assim Falou Zaratustra
Friedrich Nietzsche
23. Triste Fim de Policarpo Quaresma
Lima Barreto
24. A Ilustre Casa de Ramires
Eça de Queirós
25. Memórias de um Sargento de Milícias
Manuel Antônio de Almeida
26. Robinson Crusoé
Daniel Defoe
27. Espumas Flutuantes
Castro Alves
28. O Ateneu
Raul Pompeia
29. O Noviço / O Juiz de Paz da Roça / Quem Casa Quer Casa
Martins Pena
30. A Relíquia
Eça de Queirós
31. O Jogador
Dostoiévski
32. Histórias Extraordinárias
Edgar Allan Poe
33. Os Lusíadas
Luís de Camões
34. As Aventuras de Tom Sawyer
Mark Twain
35. Bola de Sebo e Outros Contos
Guy de Maupassant
36. A República
Platão
37. Elogio da Loucura
Erasmo de Rotterdam
38. Caninos Brancos
Jack London
39. Hamlet
William Shakespeare
40. A Utopia
Thomas More
41. O Processo
Franz Kafka
42. O Médico e o Monstro
Robert Louis Stevenson
43. Ecce Homo
Friedrich Nietzsche
44. O Manifesto do Partido Comunista
Marx e Engels
45. Discurso do Método / Regras para a Direção do Espírito
René Descartes
46. Do Contrato Social
Jean-Jacques Rousseau
47. A Luta pelo Direito
Rudolf von Ihering
48. Dos Delitos e das Penas
Cesare Beccaria
49. A Ética Protestante e o Espírito do Capitalismo
Max Weber
50. O Anticristo
Friedrich Nietzsche
51. Os Sofrimentos do Jovem Werther
Goethe
52. As Flores do Mal
Charles Baudelaire
53. Ética a Nicômaco
Aristóteles
54. A Arte da Guerra
Sun Tzu
55. Imitação de Cristo
Tomás de Kempis
56. Cândido ou o Otimismo
Voltaire
57. Rei Lear
William Shakespeare
58. Frankenstein
Mary Shelley
59. Quincas Borba
Machado de Assis
60. Fedro
Platão
61. Política
Aristóteles
62. A Viuvinha / Encarnação
José de Alencar
63. As Regras do Método Sociológico
Émile Durkheim
64. O Cão dos Baskervilles
Sir Arthur Conan Doyle
65. Contos Escolhidos
Machado de Assis
66. Da Morte / Metafísica do Amor / Do Sofrimento do Mundo
Arthur Schopenhauer
67. As Minas do Rei Salomão
Henry Rider Haggard
68. Manuscritos Econômico-Filosóficos
Karl Marx
69. Um Estudo em Vermelho
Sir Arthur Conan Doyle
70. Meditações
Marco Aurélio
71. A Vida das Abelhas
Maurice Materlinck
72. O Cortiço
Aluísio Azevedo
73. Senhora
José de Alencar
74. Brás, Bexiga e Barra Funda / Laranja da China
Antônio de Alcântara Machado
75. Eugênia Grandet
Honoré de Balzac
76. Contos Gauchescos
João Simões Lopes Neto
77. Esaú e Jacó
Machado de Assis
78. O Desespero Humano
Sören Kierkegaard
79. Dos Deveres
Cícero
80. Ciência e Política
Max Weber
81. Satíricon
Petrônio
82. Eu e Outras Poesias
Augusto dos Anjos
83. Farsa de Inês Pereira / Auto da Barca do Inferno / Auto da Alma
Gil Vicente
84. A Desobediência Civil e Outros Escritos
Henry David Toreau
85. Para Além do Bem e do Mal
Friedrich Nietzsche
86. A Ilha do Tesouro
R. Louis Stevenson
87. Marília de Dirceu
Tomás A. Gonzaga
88. As Aventuras de Pinóquio
Carlo Collodi
89. Segundo Tratado Sobre o Governo
John Locke
90. Amor de Salvação
Camilo Castelo Branco
91. Broquéis/Faróis/ Ultimos Sonetos
Cruz e Souza
92. I-Juca-Pirama / Os Timbiras / Outros Poemas
Gonçalves Dias
93. Romeu e Julieta
William Shakespeare
94. A Capital Federal
Arthur Azevedo
95. Diário de um Sedutor
Sören Kierkegaard
96. Carta de Pero Vaz de Caminha a El-Rei Sobre o Achamento do Brasil
97. Casa de Pensão
Aluísio Azevedo
98. Macbeth
William Shakespeare

99. Édipo Rei/Antígona
Sófocles

100. Lucíola
José de Alencar

101. As Aventuras de Sherlock Holmes
Sir Arthur Conan Doyle

102. Bom-Crioulo
Adolfo Caminha

103. Helena
Machado de Assis

104. Poemas Satíricos
Gregório de Matos

105. Escritos Políticos / A Arte da Guerra
Maquiavel

106. Ubirajara
José de Alencar

107. Diva
José de Alencar

108. Eurico, o Presbítero
Alexandre Herculano

109. Os Melhores Contos
Lima Barreto

110. A Luneta Mágica
Joaquim Manuel de Macedo

111. Fundamentação da Metafísica dos Costumes e Outros Escritos
Immanuel Kant

112. O Príncipe e o Mendigo
Mark Twain

113. O Domínio de Si Mesmo pela Auto-Sugestão Consciente
Émile Coué

114. O Mulato
Aluísio Azevedo

115. Sonetos
Florbela Espanca

116. Uma Estadia no Inferno / Poemas / Carta do Vidente
Arthur Rimbaud

117. Várias Histórias
Machado de Assis

118. Fédon
Platão

119. Poesias
Olavo Bilac

120. A Conduta para a Vida
Ralph Waldo Emerson

121. O Livro Vermelho
Mao Tsé-Tung

122. Oração aos Moços
Rui Barbosa

123. Otelo, o Mouro de Veneza
William Shakespeare

124. Ensaios
Ralph Waldo Emerson

125. De Profundis / Balada do Cárcere de Reading
Oscar Wilde

126. Crítica da Razão Prática
Immanuel Kant

127. A Arte de Amar
Ovídio Naso

128. O Tartufo ou O Impostor
Molière

129. Metamorfoses
Ovídio Naso

130. A Gaia Ciência
Friedrich Nietzsche

131. O Doente Imaginário
Molière

132. Uma Lágrima de Mulher
Aluísio Azevedo

133. O Último Adeus de Sherlock Holmes
Sir Arthur Conan Doyle

134. Canudos - Diário de uma Expedição
Euclides da Cunha

135. A Doutrina de Buda
Siddharta Gautama

136. Tao Te Ching
Lao-Tsé

137. Da Monarquia / Vida Nova
Dante Alighieri

138. A Brasileira de Prazins
Camilo Castelo Branco

139. O Velho da Horta/Quem Tem Farelos?/Auto da Índia
Gil Vicente

140. O Seminarista
Bernardo Guimarães

141. O Alienista / Casa Velha
Machado de Assis

142. Sonetos
Manuel du Bocage

143. O Mandarim
Eça de Queirós

144. Noite na Taverna / Macário
Álvares de Azevedo

145. Viagens na Minha Terra
Almeida Garrett

146. Sermões Escolhidos
Padre Antonio Vieira

147. Os Escravos
Castro Alves

148. O Demônio Familiar
José de Alencar

149. A Mandrágora / Belfagor, o Arquidiabo
Maquiavel

150. O Homem
Aluísio Azevedo

151. Arte Poética
Aristóteles

152. A Megera Domada
William Shakespeare

153. Alceste/Electra/Hipólito
Eurípedes

154. O Sermão da Montanha
Huberto Rohden

155. O Cabeleira
Franklin Távora

156. Rubáiyát
Omar Khayyám

157. Luzia-Homem
Domingos Olímpio

158. A Cidade e as Serras
Eça de Queirós

159. A Retirada da Laguna
Visconde de Taunay

160. A Viagem ao Centro da Terra
Júlio Verne

161. Caramuru
Frei Santa Rita Durão

162. Clara dos Anjos
Lima Barreto

163. Memorial de Aires
Machado de Assis

164. Bhagavad Gita
Krishna

165. O Profeta
Khalil Gibran

166. Aforismos
Hipócrates

167. Kama Sutra
Vatsyayana

168. Histórias de Mowgli
Rudyard Kipling

169. De Alma para Alma
Huberto Rohden

170. Orações
Cícero

171. Sabedoria das Parábolas
Huberto Rohden

172. Salomé
Oscar Wilde

173. Do Cidadão
Thomas Hobbes

174. Porque Sofremos
Huberto Rohden

175. Einstein: o Enigma do Universo
Huberto Rohden

176. A Mensagem Viva do Cristo
Huberto Rohden

177. Mahatma Gandhi
Huberto Rohden

178. A Cidade do Sol
Tommaso Campanella

179. Setas para o Infinito
Huberto Rohden

180. A Voz do Silêncio
Helena Blavatsky

181. Frei Luís de Sousa
Almeida Garrett

182. Fábulas
Esopo

183. Cântico de Natal/ Os Carrilhões
Charles Dickens

184. Contos
Eça de Queirós

185. O Pai Goriot
Honoré de Balzac

186. Noites Brancas e Outras Histórias
Dostoiévski

187. Minha Formação
Joaquim Nabuco

188. Pragmatismo
William James

189. Discursos Forenses
Enrico Ferri

190. Medeia
Eurípedes

191. Discursos de Acusação
Enrico Ferri

192. A Ideologia Alemã
Marx & Engels

193. Prometeu Acorrentado
Ésquilo

194. Iaiá Garcia
Machado de Assis

195. Discursos no Instituto dos Advogados Brasileiros / Discurso no Colégio Anchieta
Rui Barbosa

196. Édipo em Colono
Sófocles

197. A Arte de Curar pelo Espírito
Joel S. Goldsmith

198. Jesus, o Filho do Homem
Khalil Gibran

199. Discurso sobre a Origem e os Fundamentos da Desigualdade entre os Homens
Jean-Jacques Rousseau

200. Fábulas
La Fontaine

201. O Sonho de uma Noite de Verão
William Shakespeare

202. Maquiavel, o Poder
José Nivaldo Junior

203. Ressurreição
Machado de Assis

204. O Caminho da Felicidade
Huberto Rohden

205. A Velhice do Padre Eterno
Guerra Junqueiro

206. O Sertanejo
José de Alencar

207. Gitanjali
Rabindranath Tagore

208. Senso Comum
Thomas Paine

209. Canaã
Graça Aranha

210. O Caminho Infinito
Joel S. Goldsmith

211. Pensamentos
Epicuro

212. A Letra Escarlate
Nathaniel Hawthorne

213. Autobiografia
Benjamin Franklin

214. Memórias de Sherlock Holmes
Sir Arthur Conan Doyle

215. O Dever do Advogado / Posse de Direitos Pessoais
Rui Barbosa

216. O Tronco do Ipê
José de Alencar

217. O Amante de Lady Chatterley
D. H. Lawrence

218. Contos Amazônicos
Inglês de Souza

219. A Tempestade
William Shakespeare

220. Ondas
Euclides da Cunha

221. Educação do Homem Integral
Huberto Rohden

222. Novos Rumos para a Educação
Huberto Rohden

223. Mulherzinhas
Louise May Alcott

224. A Mão e a Luva
Machado de Assis

225. A Morte de Ivan Ilicht / Senhores e Servos
Leon Tolstói

226. Álcoois e Outros Poemas
Apollinaire

227. Pais e Filhos
Ivan Turguêniev

228. Alice no País das Maravilhas
Lewis Carroll

229. À Margem da História
Euclides da Cunha

230. Viagem ao Brasil
Hans Staden

231. O Quinto Evangelho
Tomé

232. Lorde Jim
Joseph Conrad

233. Cartas Chilenas
Tomás Antônio Gonzaga

234. Odes Modernas
Anntero de Quental

235. Do Cativeiro Babilônico da Igreja
Martinho Lutero

236. O Coração das Trevas
Joseph Conrad

237. Thais
Anatole France

238. Andrômaca / Fedra
Racine

239. As Catilinárias
Cícero

240. Recordações da Casa dos Mortos
Dostoiévski

241. O Mercador de Veneza
William Shakespeare

242. A Filha do Capitão / A Dama de Espadas
Aleksandr Púchkin

243. Orgulho e Preconceito
Jane Austen

244. A Volta do Parafuso
Henry James

245. O Gaúcho
José de Alencar

246. Tristão e Isolda
Lenda Medieval Celta de Amor

247. Poemas Completos de Alberto Caeiro
Fernando Pessoa

248. Maiakósvski
Vida e Poesia

249. Sonetos
William Shakespeare

250. Poesia de Ricardo Reis
Fernando Pessoa

251. Papéis Avulsos
Machado de Assis

252. Contos Fluminenses
Machado de Assis

253. O Bobo
Alexandre Herculano

254. A Oração da Coroa
Demóstenes

255. O Castelo
Franz Kafka

256. O Trovejar do Silêncio
Joel S. Goldsmith

257. Alice na Casa dos Espelhos
Lewis Carrol

258. Miséria da Filosofia
Karl Marx

259. Júlio César
William Shakespeare

260. Antônio e Cleópatra
William Shakespeare

261. Filosofia da Arte
Huberto Rohden

262. A Alma Encantadora das Ruas
João do Rio

263. A Normalista
Adolfo Caminha

264. Pollyanna
Eleanor H. Porter

265. As Pupilas do Senhor Reitor
Júlio Diniz

266. As Primaveras
Casimiro de Abreu

267. Fundamentos do Direito
Léon Duguit

268. Discursos de Metafísica
G. W. Leibniz

269. Sociologia e Filosofia
Émile Durkheim

270. Cancioneiro
Fernando Pessoa

271. A Dama das Camélias
Alexandre Dumas (filho)

272. O Divórcio / As Bases da Fé / e outros textos
Rui Barbosa

273. Pollyanna Moça
Eleanor H. Porter

274. O 18 Brumário de Luís Bonaparte
Karl Marx

275. Teatro de Machado de Assis
Antologia

276. Cartas Persas
Montesquieu

277. Em Comunhão com Deus
Huberto Rohden

278. Razão e Sensibilidade
Jane Austen

279. Crônicas Selecionadas
Machado de Assis

280. Histórias da Meia-Noite
Machado de Assis

281. Cyrano de Bergerac
Edmond Rostand

282. O Maravilhoso Mágico de Oz
L. Frank Baum

283. Trocando Olhares
Florbela Espanca

284. O Pensamento Filosófico da Antiguidade
Huberto Rohden

285. Filosofia Contemporânea
Huberto Rohden

286. O Espírito da Filosofia Oriental
Huberto Rohden

287. A Pele do Lobo / O Badejo / o Dote
Artur Azevedo

288. Os Bruzundangas
Lima Barreto

289. A Pata da Gazela
José de Alencar

290. O Vale do Terror
Sir Arthur Conan Doyle

291. O Signo dos Quatro
Sir Arthur Conan Doyle

292. As Máscaras do Destino
Florbela Espanca

293. A Confissão de Lúcio
Mário de Sá-Carneiro

294. Falenas
Machado de Assis

295. O Uraguai / A Declamação Trágica
Basílio da Gama

296. Crisálidas
Machado de Assis

297. Americanas
Machado de Assis

298. A Carteira de Meu Tio
Joaquim Manuel de Macedo

299. Catecismo da Filosofia
Huberto Rohden

300. Apologia de Sócrates
Platão (Edição bilingue)

301. Rumo à Consciência Cósmica
Huberto Rohden

302. Cosmoterapia
Huberto Rohden

303. Bodas de Sangue
Federico García Lorca

304. Discurso da Servidão Voluntária
Étienne de La Boétie

305. Categorias
Aristóteles

306. Manon Lescaut
Abade Prévost

307. Teogonia / Trabalho e Dias
Hesíodo

308. As Vítimas-Algozes
Joaquim Manuel de Macedo

309. Persuasão
Jane Austen

310. Agostinho - Huberto Rohden

311. Roteiro Cósmico
Huberto Rohden

312. A Queda dum Anjo
Camilo Castelo Branco

313. O Cristo Cósmico e os Essênios - Huberto Rohden

314. Metafísica do Cristianismo
Huberto Rohden

315. Rei Édipo - Sófocles

316. Livro dos provérbios
Salomão

317. Histórias de Horror
Howard Phillips Lovecraft

318. O Ladrão de Casaca
Maurice Leblanc

319. Til
José de Alencar

Série Ouro
(Livros com mais de 400 p.)

1. Leviatã
Thomas Hobbes

2. A Cidade Antiga
Fustel de Coulanges

3. Crítica da Razão Pura
Immanuel Kant

4. Confissões
Santo Agostinho

5. Os Sertões
Euclides da Cunha

6. Dicionário Filosófico
Voltaire

7. A Divina Comédia
Dante Alighieri

8. Ética Demonstrada à Maneira dos Geômetras
Baruch de Spinoza

9. Do Espírito das Leis
Montesquieu

10. O Primo Basílio
Eça de Queirós

11. O Crime do Padre Amaro
Eça de Queirós

12. Crime e Castigo
Dostoiévski

13. Fausto
Goethe

14. O Suicídio
Émile Durkheim

15. Odisseia
Homero

16. Paraíso Perdido
John Milton

17. Drácula
Bram Stoker

18. Ilíada
Homero

19. As Aventuras de Huckleberry Finn
Mark Twain

20. Paulo – O 13º Apóstolo
Ernest Renan

21. Eneida
Virgílio

22. Pensamentos
Blaise Pascal

23. A Origem das Espécies
Charles Darwin

24. Vida de Jesus
Ernest Renan

25. Moby Dick
Herman Melville

26. Os Irmãos Karamazovi
Dostoiévski

27. O Morro dos Ventos Uivantes
Emily Brontë

28. Vinte Mil Léguas Submarinas
Júlio Verne

29. Madame Bovary
Gustave Flaubert

30. O Vermelho e o Negro
Stendhal

31. Os Trabalhadores do Mar
Victor Hugo

32. A Vida dos Doze Césares
Suetônio

33. O Moço Loiro
Joaquim Manuel de Macedo

34. O Idiota
Dostoiévski

35. Paulo de Tarso
Huberto Rohden

36. O Peregrino
John Bunyan

37. As Profecias
Nostradamus

38. Novo Testamento
Huberto Rohden

39. O Corcunda de Notre Dame
Victor Hugo

40. Arte de Furtar
Anônimo do século XVII

41. Germinal
Émile Zola

42. Folhas de Relva
Walt Whitman

43. Ben-Hur — Uma História dos Tempos de Cristo
Lew Wallace

44. Os Maias
Eça de Queirós

45. O Livro da Mitologia
Thomas Bulfinch

46. Os Três Mosqueteiros
Alexandre Dumas

47. Poesia de Álvaro de Campos
Fernando Pessoa

48. Jesus Nazareno
Huberto Rohden

49. Grandes Esperanças
Charles Dickens

50. A Educação Sentimental
Gustave Flaubert

51. O Conde de Monte Cristo (Volume I)
Alexandre Dumas

52. O Conde de Monte Cristo (Volume II)
Alexandre Dumas

53. Os Miseráveis (Volume I)
Victor Hugo

54. Os Miseráveis (Volume II)
Victor Hugo

55. Dom Quixote de La Mancha (Volume I)
Miguel de Cervantes

56. Dom Quixote de La Mancha (Volume II)
Miguel de Cervantes

57. As Confissões
Jean-Jacques Rousseau

58. Contos Escolhidos
Artur Azevedo

59. As Aventuras de Robin Hood
Howard Pyle

60. Mansfield Park
Jane Austen